Le kéké de la République

Des mêmes auteurs

Les Apprentis de l'Élysée, Plon, 2019

Jérémy Marot
Pauline Théveniaud

Le kéké de la République

PLON
www.plon.fr

92, avenue de France
75013 Paris
Tél. : 01 44 16 09 00
Fax : 01 44 16 09 01
www.plon.fr
www.lisez.com

Dépôt légal : février 2020
ISBN : 978-2-259-28279-6
Mise en pages : Nord Compo

Prologue

Dans la pénombre du studio photo, confortablement installé au fond d'un fauteuil, Christophe Castaner ferme les yeux, respire profondément, se concentre. Sa technique est éprouvée. Avant chaque représentation, il s'offre un petit temps de méditation. Alors, au moment de se livrer à l'objectif du portraitiste de l'AFP, il ne déroge pas au rituel. Et remise quelques instants le tumulte d'une période exaltante. Il a revêtu, pour cette séance, une écharpe bordeaux, un peu moirée et portée avec une fausse nonchalance. Là, sous les projecteurs, il prend la pose, vaguement play-boy. Son plaisir est manifeste. Il est *too much* et pourtant le cliché le ravit. Nous sommes le 2 mai 2017. Dans cinq jours exactement, les Français seront appelés aux urnes pour choisir qui d'Emmanuel Macron ou de Marine Le Pen s'installera à l'Élysée, et, à vrai dire, l'issue ne fait guère de doute. Christophe Castaner le sait, dans le sillage de la comète, il s'apprête à être propulsé dans une nouvelle dimension et par là même à accomplir l'ambition d'une vie : devenir ministre.

« Il y a une forme de normalité, d'authenticité, touchante chez cet homme », dit de lui Philippe Grangeon[1], l'un des plus proches conseillers d'Emmanuel Macron. Cette ascension tardive est une revanche. Sur une enfance sans saveur, parfois malheureuse, dont les cicatrices réclament de la reconnaissance. Sur ses pairs, lui qui a vécu, selon ses mots, dans la « deuxième division », et encore, d'un Parti socialiste dont il a, longtemps, espéré percer le plafond de verre pour exister sur la scène nationale. En vain. Il y a pourtant suivi un *cursus honorum* à la sauce ancien monde, militant étudiant, conseiller en cabinet ministériel, maire, élu régional, député… Certains l'y surnommaient méchamment « simplet », beaucoup ne l'y connaissaient pas ou si peu, preuve que l'on peut être hâbleur et taiseux.

La vie sait se montrer inventive. Au tournant de la cinquantaine, ambitions contrariées et rancœur remâchée, montagnes d'interrogations brouillant la vue, il croise un candidat, même pas quadra, au solide appétit et maigres troupes. Séduit par l'homme, qui, cela ne gâche rien, creuse alors encore son sillon dans celui qui fut le sien, la droite de la gauche. « Impose ta chance, serre ton bonheur et va vers ton risque. À te regarder, ils s'habitueront. » La légende macronienne veut que ces

1. Sauf mention contraire, les propos cités dans cet ouvrage ont été recueillis par les auteurs.

mots de René Char soient parmi les préférés du Président. Lorsqu'il saisit la sienne, de chance, un pied dans la porte, un œil au loin, Christophe Castaner n'a plus grand-chose à perdre, laissé-pour-compte d'un appareil socialiste qui, lui-même, ne saurait dire ce que l'avenir lui réserve. Il s'y cramponne à toute force, car cette chance est celle qui insufflera de l'extra dans l'ordinaire.

Au sein d'une Macronie où les technos et bons garçons s'épanouissent, habités par le culte du secret, trop pleins de cette assurance qui conduit à l'arrogance, lui sera l'homme des territoires au verbe rond, simple et abondant, débordant, ce qui se paie aussi en bourdes et imprudences. Christophe Castaner met en scène son personnage, celui d'un « kéké » du Sud-Est, dont le léger accent permet que l'on retienne sa voix. Curieux choix que de projeter une image peu flatteuse de soi. Certains s'arrêtent à cette façade. Combien sont restés, yeux ronds comme des billes, interloqués, dubitatifs ou moqueurs, en apprenant que s'écrivaient ces lignes. « Tout un livre ? » « Que peut-on bien raconter sur Casta ? »

Un parcours dont le commun confine au banal, mais dont certains ressorts frôlent le romanesque. L'émotivité d'un affectif, la froide détermination d'un ambitieux qui sait, mieux que beaucoup, prendre son gain dans la défaite. Les ficelles d'un communicant, qui choisit ce qu'il veut montrer, sans parvenir à tout cacher. Un jovial sachant étriller. Chaud, froid. C'est l'un de ses plus proches qui le dit : « Christophe Castaner est tout et son contraire. »

Sympathique comme peut l'être « un cousin éloigné » – ses mots – que l'on se plaît à retrouver, l'homme est aussi peu enclin à former des cercles ou s'attirer des affidés politiques, apprécié en Macronie, mais isolé. Son assurance vie se nomme Emmanuel Macron, dont il est proche sans être intime. Le Président a placé sa confiance dans ce bon soldat, qui la lui rend par une loyauté sans faille, de celles qui font accepter beaucoup. De celles dont on tire beaucoup.

Paradoxal Castaner, ce ministre de l'Intérieur que personne ne voit réellement comme l'un des commandeurs aux manettes de l'État. Par trop frivole et empressé, mais tenant, bon an, mal an, sous la mitraille, il s'accroche à son siège éjectable. Un homme qui semble se plaire à coder une personnalité dont lui seul aurait la clé.

I

LE MAL-AIMÉ

1

Premier de corvée

Il est 7 heures du matin, en ce dimanche. Christophe Castaner serait bien resté dans les bras de Morphée. Là, somnolant à demi, il aurait pu se repasser les images de cette boum, qui lui a fait regagner le pavillon familial lumières éteintes, à pas de loup, pour ne pas réveiller la maisonnée. Il aurait pu se remémorer les blagues des copains, le goût des bières premier prix, ces tubes qui ont emballé son cœur d'adolescent et cette fille qui n'a certainement pas manqué de lui plaire. Mais son père est là pour l'extirper du lit, d'un ton comminatoire. Il y a du travail au jardin.

Tailler, débroussailler, arroser. Le benjamin de la fratrie n'aime pas cela. Cela ne tiendrait pourtant à rien de couler des jours heureux, sur ce bout de terrain adossé à la colline du mont d'Or. On y vit à bonne distance du centre de Manosque, ville d'une banalité telle que Jean Giono avait orienté son bureau de manière à lui tourner le dos. Le mont d'Or est un formidable terrain de jeux. Là, une tuilerie, ici une ferme, des champs. Pins, cyprès et oliviers exhalent sous le soleil de Provence. Mais on finit toujours par détester les lieux où s'exerce la tyrannie domestique, comme les corvées dont on s'acquitte avec la certitude que l'on ne fera jamais assez bien. Aujourd'hui encore, Christophe Castaner a le jardinage en horreur.

Même tarif pendant les vacances. La liste des tâches cueille les trois frères au réveil. À 17 heures, Pierre Castaner franchit le portail. Il quitte son habit de technicien du centre d'études de Cadarache pour enfiler celui d'inspecteur des travaux finis. Le voilà qui attrape la binette. *Tchac, tchac, tchac !* « Tu vois, c'est facile ! » Ennui mortel et éternel recommencement, les journées s'achèvent toujours de la même manière, la boule au ventre. « Comme je n'avais pas fait le quart de la moitié de ce qu'il m'avait demandé, je me faisais pourrir. »

Le mur qui enserre le jardin, Serge, l'aîné, Marc, le cadet, ne peuvent plus le voir. Le premier s'y est cassé le dos au début des années 1970. Le second garde en mémoire de pénibles week-ends, lorsqu'il rentre d'Aix-en-Provence où il étudie la médecine. C'est toujours la même histoire. Il n'a pas vingt ans et qu'une idée en tête, aller voir les copains, les copines, faire du sport, après une semaine à bûcher. Au lieu de cela, il faut aller chercher les pierres, les assembler, étaler le ciment. Pour ne pas payer de maçon, Pierre Castaner charge ses fils de réaliser les travaux d'aménagement. Marc, une quarantaine d'années plus tard : « Il nous cassait les couilles, il n'y a pas d'autre mot. Mon père était suffisamment chiant pour que dès la fin de la première année de médecine, je dise : stop, je ne lui demande plus rien et je me paie mes études. » Cela fait alors un moment, sitôt ses dix-huit bougies soufflées, que Serge s'est fait la malle.

L'argent de poche se gagne l'été, dans les champs de patates. Cinq francs la demi-journée, pour tenir et tasser les sacs de jute, dans la perspective de s'offrir des sorties entre copains. Le pactole est vite dépensé aux Négociants, le bar fétiche des trois frères. On y joue au baby-foot, au tarot, à la contrée. Le patron, quatre-vingt-dix printemps, n'en a rien oublié. Lorsqu'il croise un membre de la fratrie, il lâche : « Vous trois, vous aviez beau faire les cons, j'étais pas inquiet. »

Chez les Castaner, on vit dans la pénombre des ampoules basse consommation. On mange du gros pain rance et acheté au supermarché au prix bradé des produits de la veille. De la margarine, plutôt que du beurre. En septembre, trois cents kilos de patates, obtenus à un tarif de gros, sont stockés au sous-sol. On roule dans des épaves d'occasion, qui lâchent au moindre tressautement et consomment un nombre ahurissant de litres aux cent. Ce n'est pas que l'argent manque. Mais voilà, son père, Pierre, est radin, très radin. Les livres dont Marc a besoin en première année de médecine, il les photocopie page à page, au bureau. Si l'on peut s'éviter une dépense…

Quand les « monstres », c'est-à-dire les encombrants, sont de sortie, à Manosque, le père Castaner est toujours sur le coup. Ces jours-là, dans le petit pavillon du mont d'Or, le réveil sonne dès l'aube. Au nez et à la barbe des agents municipaux, Pierre récupère tout ce qui traîne. Puis, il répare, bricole. Christophe Castaner : « À la maison, c'était un capharnaüm. On n'avait que du matériel pourri. » Son aîné, Serge, confirme : « Après le décès de mes parents, je me suis fait apporter deux grosses bennes. On a sorti une dizaine de tonnes en ferrailles, avec mes gamins. »

Ainsi s'écoule une enfance ordinaire, économe en moments heureux. « Manque de confort au quotidien » : c'est l'expression qui vient à Marc Castaner. « Si mon père avait été moins radin, on aurait eu une vie plus sympa, plus radieuse », confie-t-il tristement. En son modeste cabinet médical du centre de Manosque pointe une certaine mélancolie. Depuis son bureau de ministre de l'Intérieur, son frère, Christophe, revendique, lui, d'avoir pris le contre-pied de cette pingrerie, ce qui ne l'empêche pas d'afficher, une fois ministre, une confortable déclaration de patrimoine. « Sur ce volet-là, je suis totalement à l'inverse de lui. Je ne regarde jamais mes comptes en banque, j'ai un chéquier perso et c'est mon épouse Hélène, à Forcalquier, qui gère. Je ne veux pas que ce soit un sujet. »

Ce n'est pas faute, pourtant, d'avoir sauté dans le train des Trente Glorieuses. Parti de chez lui à quatorze ans, Pierre Castaner s'engage comme mousse dans la marine. La légende familiale est ainsi écrite : la famille Castaner était assez riche, fortune qui serait due – ce point n'est toujours pas stabilisé – à des actions chez Peugeot, mais cette aisance s'est volatilisée dans le train de vie dispendieux du grand-père, qui finira sans le sou dans une masure charentaise, vivotant des cinq cents francs par mois que lui fait parvenir son fils. Pierre Castaner part de zéro, dans la marine donc. Une vie de port en port, avec une seule femme, Marie-Claire, qui suit. C'est ainsi que Christophe naît en PACA « par hasard », à Ollioules près de Toulon, en 1966. Cette même année, son père quitte l'armée. Direction le Centre d'énergie atomique de Saclay et les grands ensembles de Massy. Deux ans passent.

À quelques kilomètres de Manosque, le centre d'études de Cadarache embauche à tour de bras des travailleurs de toute la France. La cité de Giono gagne quinze mille habitants, perd de son accent chantant et un peu de son âme. Pierre Castaner signe comme technicien et installe sa famille dans un soixante-dix mètres carrés de la tour Saint-Lazare. Ce n'est pas le quartier le plus riant de Manosque, mais au moins y jouit-on de tout le confort moderne, et même d'un petit balcon. Bien vite, arrive la consécration de cette ascension : un terrain, sur lequel construire une maison individuelle, gage de réussite et motif de fierté. Christophe a quatre ans. Bientôt, chacun des garçons aura sa chambre. « Un jour, je suis rentré de colonie de vacances, on avait aménagé une nouvelle chambre. Je devais avoir quinze ans. J'étais le plus heureux, même si la mienne était en bas, à côté du garage », souffle Marc.

Une vie de classe moyenne qui n'apaise pas la peur du manque. « Il y avait ce besoin d'économiser », grince Christophe, le benjamin. Convaincu qu'une fuite d'eau vient grever son budget, Pierre Castaner passe le dernier hiver de sa vie sans chauffage, n'ouvrant l'eau chaude qu'une fois par jour pour remplir deux seaux. Corollaire de cette avarice, il laisse un important héritage à ses fils.

Pour autant, rien n'y paraît lorsque les Castaner reçoivent. Le week-end, à la maison, défile tout ce que Manosque compte de chasseurs, gardes, piégeurs. Au mitan des années 1970, Pierre Castaner est président de la société cynégétique locale, la Diane manosquine. Le couple s'y dévoue corps et âme. « C'était un défenseur des chasses traditionnelles et surtout de la réintroduction du lapin de Garenne, la base de la chasse populaire », applaudit son successeur et confident, Christian Pesce. Nettement moins enthousiaste, Serge Castaner complète : « À ce titre-là, il avait un élevage de lapins et de faisans dans le jardin. Et nous, on devait nourrir les bêtes, nettoyer les clapiers. » L'aîné, fou de nature, trufficulteur et cordon-bleu, qui habite une maison en bois construite de ses mains, est le seul à chasser. Ses yeux s'embuent, lorsqu'il raconte. Même cette passion commune est motif à discorde. « Avec mon père, on ne voyait pas les choses de la même façon. »

Christophe Castaner a-t-il cet engagement en tête, ou des arrière-pensées électoralistes, lorsque, en mars 2015, devenu député socialiste, il présente un amendement visant « à maintenir le modèle existant concernant la chasse à la glu » ? Lui qui a toujours revendiqué un tropisme écologiste, défend, à l'Assemblée nationale, cette contestée technique de chasse, qui consiste à enduire des branches d'arbre de colle afin d'y piéger les proies. Se souvient-il aussi de ces dimanches où les membres de la société de chasse sont accueillis par un pastis ? Christian Pesce, lui, en conserve la saveur. « C'était toujours convivial, chez eux. Il y avait toujours le petit mot gentil. » Elle, réservée, calme, toujours disponible. Lui, empreint de la notabilité que lui confère non pas son statut social, mais son engagement associatif, testard – « têtu » en provençal. À Manosque, Pierre Castaner est connu pour son sale caractère. Lorsque Serge rejoint à son tour Cadarache et qu'il se présente, celui qui lui fait face recule d'un pas. « Il avait connu mon père au travail… Il me l'a dit après. Quand il a entendu mon nom, il s'est dit que j'étais le loup dans la bergerie et qu'il allait avoir des emmerdes. Mon père n'était pas chef, mais il discutait tous les ordres. »

Le plus souvent, ceux qui l'ont croisé n'y voient rien de plus qu'un côté tête de bois, si exagérément vitupérant qu'il prête à sourire. « Je l'aimais bien », glisse des années plus tard Jean-Luc Icard, patron de l'hebdomadaire local *Haute-Provence Info* et ami d'enfance de Christophe Castaner, pas dupe de la raideur du paternel. « Mais ses parents étaient charmants à l'extérieur. » Tout est dans ce « à l'extérieur », auquel on cache la pesanteur du huis clos familial. Serge Castaner livre une clé : « Au quotidien, c'était monacal. Par contre, quand on s'exposait, c'était avec tous les atours. On avait les parents de la semaine et les parents du week-end, en quelque sorte. Il n'y avait pas beaucoup d'argent dans la famille, mais quand on pouvait faire briller, sortir deux ou trois bijoux… Mon père et ma mère aimaient bien le clinquant… Christophe a récupéré un peu de ça. »

2

Face à la violence

Des éclats de voix, une paire de claques. Entre les murs du pavillon du mont d'Or, où l'enfance passe sous chape de plomb, il arrive que la violence, physique, s'infiltre lorsque la colère de Pierre Castaner déborde. Souvent, son épouse Marie-Claire, soumise mais prompte à protéger ses fils, trinque. Ce jour-là, le scénario s'écrit à trois, et il dérape. Christophe, auquel ses dix-sept ans confèrent désormais la capacité physique de répondre à son père qu'il domine d'une tête, s'interpose. Ils s'empoignent. Un coup part, qui laisse Pierre Castaner à terre, abasourdi de constater que le rapport de force a basculé. Christophe fourre ses affaires dans un sac et claque la porte.

La violence du père se décline en un camaïeu dont les nuances varient selon les fils, les vécus et points de vue, la sédimentation des colères qui, inévitablement, diffère. Une certitude : elle est prégnante, écrasante. « On était plus dans le domaine de l'emprise que de la violence physique régulière », analyse Christophe Castaner, quand Marc ne « pense pas avoir été un enfant battu ». « Si j'ai pris deux coups de pied au cul, c'est tout ce dont je me souviens », élude-t-il. Plus à fleur de peau encore, l'œil noir mais le regard doux, Serge, l'aîné, assène : « Mon père, c'était un pervers narcissique. Il avait besoin de punching-balls pour exister. C'était moi, ma mère. J'ai vu ce type-là croiser des gens et les agresser. Il recevait du monde à la maison, il fallait qu'il s'engueule. Il avait besoin du conflit pour exister. »

Plus encore que celle du monde, l'origine de cette colère demeure un mystère planant sur les subconscients de la fratrie. Peut-être les guerres, d'Indochine et d'Algérie, dont il ne fallait dire mot à la maison. Ou un déracinement précoce, au milieu de l'adolescence, pour prendre la mer, loin de sa famille, sans doute symptomatique d'une enfance malheureuse. « Il a appris à être dur, souffle Christophe Castaner. À la maison, il était toujours en train de hurler. Rien n'allait jamais, il était toujours agressif. » Derrière le voile pudique d'une jeunesse « pas heureuse », qu'il dit avoir « globalement effacée » de sa mémoire, demeure un stigmate, une sensibilité particulière pour ce qui est devenu grande cause du quinquennat d'Emmanuel Macron, les violences faites aux femmes. « Un sujet qui me prend tellement les tripes, confie le ministre. Il n'y a rien de plus horrible pour moi. » Ce qui l'a conduit, raconte-t-il, à se faire « casser la gueule dans un métro », il y a quelques années de cela, en tentant de s'interposer face à un homme « plus grand, plus costaud », qui venait de frapper sa femme. « C'est plus fort que moi. » Il insiste : « Car je sais dans quelles conditions je me suis barré de chez moi. »

Quand la figure paternelle accapare la lumière, Marie-Claire se tient dans l'ombre. Si ce n'est une brève expérience dans la vente à domicile d'abonnements pour un magazine féminin, son quotidien s'écoule à gérer celui des quatre hommes de la maison. Le couple entretient des rapports ambivalents. Il y a les accès de fureur et les appellations affectueuses – « ma poussinette »... La vie, où il fait seul la loi, sans contestation possible. Et la ville, où il entretient soigneusement son image, sanguin, certes, mais un brin séducteur aussi. « S'il y en a une qui n'était pas heureuse, c'est ma mère, parce qu'elle était sous la coupe de mon père », soupire Marc Castaner. Des années après avoir claqué la porte du pavillon, Christophe Castaner ressasse, interroge encore et encore : « Pourquoi n'as-tu jamais quitté papa ? » Un temps, raconte son benjamin, Marie-Claire trouve un succédané d'évasion dans les vapeurs d'alcool. Serge et Marc volent de leurs propres ailes, le père « est dans la négation totale ». Christophe assiste seul à « cette grande phase particulière ». La cicatrice se réveille des années plus tard, avance-t-il, lorsque la presse people écrit que le ministre de l'Intérieur a descendu des shots de vodka au Noto, où il a été filmé au bras d'une jeune femme. Pain bénit pour les humoristes, qui imitent à longueur de sketch le premier flic de France en fêtard boit-sans-soif. Il se dit blessé par « cette image d'alcoolique », qu'il juge « très dure ». Et incompatible avec ses fonctions. Comment le locataire de Beauvau pourrait-il laisser prospérer l'idée qu'il s'adonne à l'ivresse ?

Au mont d'Or, la vie bascule en 2004, lorsque Marc, le médecin de la famille, découvre un cancer à sa mère. Christophe Castaner, qui court alors ses premières élections régionales, est missionné pour lui annoncer le terrible diagnostic. Suivront six années rythmées par la maladie, jusqu'à un ultime soupir, le 23 mars 2010. La veille, elle avait pu souffler quelques mots de félicitations à son benjamin, qui venait de se faire réélire à la région. Pierre Castaner, lui, est d'abord rattrapé par son naturel, obnubilé par l'idée d'activer une assurance obsèques souscrite quelques mois plus tôt, oubliant dans le même mouvement de s'accrocher au « sens de la vie », désormais perdu. Le voilà seul face à ses fils.

Chacun au sein de la fratrie nourrit sa relation singulière. Au cours de ces quatre années, les dernières, s'entremêlent ressentiment et pardon, exaspération et compassion. Sentiment, aussi, coriace, tenace, d'une estime paternelle à géométrie variable. Le « classement » s'établit comme suit. Vice-président de région, Christophe a supplanté Marc, le médecin, dans la hiérarchie. Serge se vit depuis longtemps au bas de l'échelle. Il sera, de loin, et ceci explique peut-être cela, le plus présent au quotidien dans l'ultime ligne droite. Marc a rompu les liens après le décès de sa mère, ulcéré de voir son père mégoter, sur la facture de chauffage par exemple, malgré la maladie. « Je ne pouvais plus aller voir mon père, ça me faisait trop mal », se désole-t-il. Christophe, lui, met tout sur la table, des reproches, précis. « Voilà, tu es vieux, je veux bien t'accompagner sur ta fin de vie. Mais je veux que tu saches… » Et fait la paix. « Ce que je sais, c'est que ce que je suis, je te le dois aussi. » Cette intimité-là, il l'assume, en interview. Où il raconte être, contrairement à ses frères, parvenu à pardonner. Découvrant les mots de son élu de frangin, Serge, qui gère quotidiennement les tracas et vexations manosquines, tressaille. L'éloignement des yeux rapproche de la mansuétude. Ils s'en sont expliqués. Bon an, mal an, les frères se serrent les coudes, font bloc.

La dépression ronge ce qu'il reste de la pesante figure paternelle. « Je l'ai quitté un jeudi soir en sachant qu'il se suiciderait dans la nuit, après avoir repoussé plusieurs fois », raconte Christophe Castaner. « À demain », glisse alors simplement Pierre Castaner, avant que le plus jeune de ses fils ferme la porte. Le chef de famille donne ses dernières directives, des petits mots partout dans son domaine du mont d'Or. La morphine, qui servait à apaiser les souffrances de son épouse, laisse sa vie accrochée à un fil. Au petit matin, Serge est là. Pierre Castaner décède, une semaine plus tard, le 30 octobre 2013, dans un lit de l'hôpital d'Aix-en-Provence. Demeure une ombre. Elle plane sur la fratrie.

3

Lorsqu'on n'est plus prophète en son pays

Debout, bras croisés, visage fermé, Christophe Castaner attend le verdict des urnes, tandis que les bénévoles épluchent les bulletins. Il va et vient. Ce dimanche 30 mars 2014, à la mairie de Forcalquier, l'atmosphère est de plomb, alourdie par les tensions. La campagne, qui l'a opposé à un jeune loup de la droite locale, Sébastien Ginet, fut violente. Florence Cornuet, bras droit historique et ombre portée du maire sortant, l'évoque en ces termes : « On frôle le caniveau, avec du mensonge, de la calomnie, avec des captures d'écran de SMS... »

Ce soir-là, Castaner a la voix haut perchée. Il y a, aussi, cette impatience qu'il manifeste face aux retraités venus prêter main-forte pour le dépouillement. S'il ne parvient à camoufler sa crispation, c'est que le résultat est serré, très serré. Christophe Castaner distance son concurrent de vingt-deux voix seulement. « Je pense qu'il n'a pas consacré assez de temps à sa campagne », observe son ami Michel Hourie.

Six ans plus tôt, joues rouges, bouc et nuque longue, il écoutait les assesseurs égrener son nom d'une voix monocorde. « Castaner », « Castaner », « Castaner ». Ses partisans riaient de son « score bananier », plus de 64 %. À l'heure de trinquer à la victoire, celle où l'on lance les premiers « *hip, hip, hip* », un sympathisant pensait déjà à la suite. « Ça va le porter aux législatives. » Encore socialiste, il tenait à la main la rose rouge que lui avait tendue une dame. Et lançait, tout en déclaration d'amour : « J'aime cette ville et je vous aime. »

Mars 2014. Une barbe de trois jours a effacé le bouc, les mèches ne tombent plus sur l'arrière de son cou. Castaner est devenu député d'un Parti socialiste de gouvernement, celui de François Hollande. De ses sept cents voix d'avance, il ne reste quasiment rien. Aux mots doux se substitue ce froid constat : « C'est un résultat extrêmement serré qui, je vous le dis, pour un maire sortant, n'est pas enthousiasmant. » Il n'en dit encore rien, mais, en cet instant, quelque chose se casse. Il le confesse plus tard, installé dans un fauteuil de la place Beauvau. « Je savais que je ne serais plus candidat à Forcalquier avant mon entrée au gouvernement en 2017, car la dernière fois, les Forcalquiérens ont quand même gobé des saloperies sur le fait que je touchais des pots-de-vin et que je frappais ma femme. Ça a marché, j'ai été mal réélu. Ça m'a touché. Il y a eu une forme de rupture affective. » Christophe Castaner, on l'aime ou il vous quitte.

Cette ville, sise à quelque vingt-cinq kilomètres de Manosque, n'est pas la sienne, mais celle de son épouse, Hélène, dont la famille a ici une petite notoriété de village. Le père, Jean-Marie, était représentant en instruments de musique ; la mère s'occupe de l'association Croq'livres ; les oncles, Christian et Mario, avaient un magasin de photographie sur le boulevard de la République – l'un d'eux a même couvert la célèbre affaire criminelle Dominici. Ces appuis sont précieux, pour un jeune collaborateur ministériel en quête d'implantation locale. Christophe Castaner écrit ainsi le récit : « Ma décision de me présenter à Forcalquier, je la prends un matin dans le RER B qui m'amène d'Anthony, où on habite une petite maison d'amis de mes parents, à Paris. Là, deux personnes contribuent à mon choix. Une politique, c'est Jean-Louis Bianco, qui à ce moment-là me dit : "Je manque de cadres, il faut que tu viennes." Ça m'impressionne, je suis flatté. Et Hélène, qui, dans le RER, alors que je n'arrive pas à me décider me dit : "Tu le veux, il faut franchir le miroir, ne plus être collaborateur et travailler pour toi." » Sa femme n'en conserve pas un souvenir si intact.

Mais il est une certitude : cette campagne, et ce sera la seule, elle la mène avec lui. Nous sommes en 2001. Voilà près d'une petite dizaine d'années que le couple s'est installé à Paris. Leur vie est désormais ailleurs. L'ancrage d'Hélène, c'est ce petit lien qui permet d'éviter un grand tracas, handicap récurrent des conseillers en campagne, le sparadrap du candidat parachuté.

Il y a tant à faire, trouver des colistiers, aménager un local. En disponibilité de son emploi de cadre bancaire, elle joue les « pseudo-directrices de campagne » (l'expression vient d'elle), une exception pour cette grande discrète, qui, une fois n'est pas coutume, anime les réunions, frappe aux portes tracts en main.

Le primo-candidat mime son mentor Jean-Louis Bianco, et, en socialiste qui se respecte, joue le monde associatif, les retraités EDF et les fonctionnaires de l'Éducation nationale dans une ville marquée par l'affrontement gauche-droite. Il dispose, en outre, de puissants soutiens. Olivier Baussan, fondateur des parfumeries L'Occitane en Provence, est de ceux-là. Dans la région, cela pèse. Le businessman raconte : « En 2001, on a été quelques-uns à le pousser à se présenter à Forcalquier. Il était jeune, dynamique, et on pensait que la ville avait besoin d'un maire qui fasse bouger les choses. On avait des amis communs, on a dîné ensemble un jour et immédiatement sympathisé. Je lui ai dit : "Je veux te soutenir et je veux bien être sur ta liste aux municipales, mais pas être élu." Donc j'ai figuré en dernière position. » Ainsi fonctionnent les influenceurs locaux.

Un jour de 2013, Christophe Castaner, désormais député socialiste, grimpe les escaliers de l'aile droite du palais de l'Élysée, en direction d'un bureau du deuxième étage, celui du jeune secrétaire général adjoint, Emmanuel Macron. « Je vais le voir pour lui parler du dossier d'une entreprise importante chez moi, qui avait eu un gros problème d'ordre administratif », raconte-t-il après coup sans plus de précisions. Cette entreprise, c'est celle de son ami Olivier Baussan. Le patron confirme. « C'est effectivement pour parler de L'Occitane. Il y avait une négociation avec le fisc sur un sujet de facturation avec la Suisse. » Castaner poursuit le récit de son premier rendez-vous avec celui qui, dans quatre ans, le fera ministre : « Macron m'impressionne, parce qu'il connaît très bien mon dossier. On avait certainement dû lui faire une note, mais en plus il me parle d'un acteur, qui peut faire le lien et avancer. Ça prend cinq minutes. Il me fait des propositions : "Je peux le recevoir, est-ce que tu veux être là ?" » Le patron suisse de L'Occitane rencontrera bien Emmanuel Macron, sans que cela soit concluant.

Christophe Castaner se projette loin dès 2001, mais il tombe sur un premier os : la commune, criblée de dettes, vit sous la menace d'une mise sous tutelle. « On a dû faire une grosse augmentation d'impôts parce que la chambre régionale des comptes nous l'avait imposée. On devait revenir à la fiscalité initiale. Et puis, il ne l'a pas souhaité. Il avait besoin d'investir, d'être dans des projets médiatiques. Il a toujours été présent à Forcalquier, il connaît ses dossiers. Mais ses objectifs étaient aussi personnels, de carrière. Ça a été la région, député... », relate son ex-adjoint aux Finances, l'opticien de la rue Berluc-Pérussis, Éric Lieutaud. En 2005, ce dernier démissionne de son mandat, avant que ne lui vienne, à l'hiver 2019, l'envie de s'installer à son tour dans le fauteuil de maire.

Aux manettes, Castaner chasse les marchands de sommeil du centre ancien, qu'il rénove ; il y construit des trottoirs, le débarrasse des publicités, désormais interdites, installe une Maison des métiers du livre. Rien de rien, en revanche, qui ne soit régalien. « Non. Sur la commune, c'est calme, il n'y a pas de criminalité », confirme sa fidèle directrice générale des services, Florence Cornuet. À Paris, dans le triangle d'or de la politique, entre le quartier des ministères, le Palais-Bourbon et celui de l'Élysée, on pouffe : « On ne sait même pas s'ils ont un garde champêtre, à Forcalquier ! » Lui, maire, s'attache au développement économique et culturel. « Il a été un remarquable chasseur de subventions pour un territoire objectivement un peu délaissé », loue l'ancien ponte de la Mitterrandie, élu du cru lui aussi, Jean-Louis Bianco. Qu'il prenne la vice-présidence de la région PACA, avec la délégation « aménagement du territoire » ne gâche rien. Son département et sa ville sont alors particulièrement bien servis.

À Forcalquier, Castaner a son grand œuvre, la restauration du couvent des Cordeliers, imposante bâtisse du XIIIe siècle, dont il fait une Université européenne des senteurs et des saveurs. Ses équipes, sa famille, ses amis, tous l'assurent d'un ton laudateur : « Ce n'est plus du tout le même village qu'en 2001. » Sous sa houlette, Forcalquier, niché entre la montagne de Lure et le Luberon, devient une commune bobo, où il fait bon vaquer entre cafés et restaurants, commerces ou allées du marché des producteurs.

C'est que ce coin de Provence est terre de soixante-huitards, « le berceau des tchouls, les babos d'ici », comme dit drôlement Vincent Guiliani, l'un des plus proches amis du couple Castaner. « Forcalquier a toujours été naturellement baba. Il y a beaucoup de jeunes qui viennent s'installer pour vendre du fromage de chèvre, exploiter en bio », complète Olivier Baussan. Si son ascension parisienne passe par le flanc droit du PS, Christophe Castaner s'applique, ici, à poser du profil gauche. Extrait de ses vœux pour l'année 2011 : « À Forcalquier, nous nous sentons bien en lisant Stéphane Hessel. Certes, les raisons de s'indigner, dans ce monde complexe qui nous entoure, peuvent paraître moins nettes que celles qu'a combattues ce grand résistant, ce courageux déporté. Mais regardons autour de nous : l'écart grandissant entre les très riches et les très pauvres, l'état de la planète, le traitement fait aux sans-papiers, aux immigrés, aux Roms, la course au toujours plus, à la compétition, la dictature des marchés financiers, jusqu'aux acquis bradés de la résistance, retraites, Sécurité sociale… » En Macronie, pareil discours lui vaudrait d'être étiqueté frondeur. Il s'en garde bien. Mais nous n'en sommes pas là. Aussi, en 2009, s'affiche-t-il en quasi-frère d'armes des membres de la communauté locale de Longo Maï, coopérative autogérée et anticapitaliste, qu'il ne fréquente pourtant guère. Plusieurs de ses membres sont interpellés pour avoir diffusé dans un tract une photo de la maison voisine du sarkozyste patron de la Direction centrale du renseignement intérieur, Bernard Squarcini. « Dans un pays démocratique comme le nôtre, on n'interpelle pas les gens au petit matin parce qu'ils ont diffusé un tract dénonçant un acharnement judiciaire », s'indigne-t-il. Ou encore, dans une interview à France 3 : « Oui, il y a une vieille tradition à Forcalquier de l'extrême gauche, de l'ultra-gauche, et donc, oui, comme ils se sont un peu réveillés, comme ils ont fait quelques manifestations publiques, mais à quelques dizaines de personnes, effectivement, je sais qu'il y a une mobilisation forte des services de sécurité intérieure. J'ai appris que je faisais moi-même l'objet d'une vigilance et d'une enquête approfondie, et donc du coup j'ai quelques inquiétudes pour ma femme et mes filles et pour mon propre entourage, parce que peut-être que je serais moi-même un terroriste en sommeil. » Il est alors loin de se douter que, dans une toute petite dizaine d'années, il sera nommé ministre de l'Intérieur.

Dans la cité provençale, observant les projets pulluler, certains pointent une tendance à la grandeur, propre à ceux qui comptent faire carrière à grandes enjambées. Entre deux portes, une ancienne salariée de la ville murmure que « le venin du pouvoir » s'est instillé dès la fin du premier mandat, assombrit le portrait du maire chaleureux auquel bien vite « on ne peut plus parler », qui « travaille pour lui » plus qu'en équipe. *Capital* épingle, lui, sa gestion municipale : fin 2016, selon le magazine spécialisé, Forcalquier vit toujours avec une ardoise de 7,8 millions d'euros, dont le ratio par habitant est deux fois supérieur à la moyenne des communes de même taille.

L'année suivant sa nomination place Beauvau, il faudra moins que les doigts d'une main pour compter le nombre de ses retours au pays. Son épouse y vit toujours, il y conserve attaches et amis, continue de télécharger *La Provence* dès l'aube sur sa tablette. Mais sa vie est à nouveau ailleurs. À la veille des élections municipales de mars 2020, sa majorité s'égaille sur trois listes au moins. On ne lui connaît pas de successeur désigné, pas plus que de chef de file local à La République en marche, parti qu'il a pourtant dirigé. Cela étonne. « Le chat n'est pas là... », sourit Jean-Luc Icard, vieil ami et directeur de la publication de *Haute-Provence info*. Ce matou-là, observe Éric Lieutaud, « comme tous les hommes politiques qui ont un parcours politique à faire, n'a pas préparé du tout sa succession ». Son ancienne équipe le confirme, le ministre est parti sans laisser de consigne. Pas plus au département que dans sa ville, il ne se mêle de ce qu'il adviendra à sa suite.

L'intéressé l'admet et l'assume, en fait presque une philosophie de vie. « J'ai pris énormément de distance. Dans ma culture, quand je quitte une fonction, je ne cherche pas à y rester. Il ne faut pas chercher à faire le grand frère, parce que sinon vous inhibez. Je pense qu'on ne peut pas partir à moitié », justifie-t-il depuis Paris, où il poursuit, Marcheur solitaire, son ascension.

De là-haut, il éprouve la véracité de l'adage populaire, selon lequel l'éloignement des yeux conduit à celui du cœur. Lorsqu'on ne se ménage pas de relais locaux, le souvenir des apéros au Café de l'hôtel de ville, les fêtes de Noël passées à servir le vin chaud aux administrés, comme les soirées du Téléthon à chanter les génériques d'*Albator* ou de *Goldorak* au karaoké, sont bien peu de chose face à l'« usure du pouvoir », une expression de l'ami Jean-Luc Icard, à l'office du temps et des kilomètres – près de huit cents depuis Paris.

Juillet 2019. Christophe Castaner n'a pas vu la montagne de Lure depuis des mois lorsqu'il retrouve famille et amis, chez lui, à l'heure, douce en été, de l'apéro. Il y a là son épouse, sa belle-sœur et son mari, Vincent et Valérie, les vieux copains. La petite troupe, escortée par les officiers de sécurité, décide de faire un tour au Cooksound Festival, musique et bonne chère, créé par les soins de l'ancien maire. On se montre, on bavarde, ce soir-là, au couvent des Cordeliers, quand le ministre de l'Intérieur aperçoit cette couleur désormais familière, celle-là même qui a occupé la quasi-intégralité de ses premiers mois place Beauvau. Cinq Gilets jaunes l'entourent, chantent leur hymne : « Macron démission, Macron démission, Gilet jaune eh, ouais, Gilet jaune eh ». Ils lui demandent « Où est Steve ? », ce jeune homme qui a disparu à Nantes, le soir de la fête de la Musique. Cet instant, le couple Castaner le vit comme si on manifestait dans leur salle à manger – ce sont eux qui le disent comme cela. Ils battent en retraite. « C'était très dur humainement », se plaint le ministre : « L'un de mes officiers de sécurité me dit : Ce n'est pas bien, si vous partez, on les laisse gagner.

Mais j'étais tellement gêné pour mes gens… » Étrange formule qu'il laisse échapper, avant de se reprendre.

Soupir de son frère Serge : « C'est fatigant, cette haine. Là, il s'est posé la question d'arrêter Beauvau et de partir. C'est tellement dur et irrationnel. Mais il a dit : “Si je m'en vais, ça fera plaisir aux autres, donc je ne peux pas.” » Partir ? Politique madré, l'intéressé se garde de le confirmer si nettement. Lui dit : « Les seuls moments de doute que j'ai pu avoir, ce sont ceux où j'ai mesuré les conséquences pour ma famille de cette vie-là. » À l'automne 2019, l'un de ses interlocuteurs à Beauvau l'a vu meurtri, marqué, après un déplacement à Forcalquier. « Nous, les flics, on est haïs. J'ai tendu la main à certains, ils ont refusé de me la serrer », soupire-t-il, une fois revenu entre les murs de son ministère. « Nous, les flics. » Comme si, en une année à peine, il s'invitait au sein d'une nouvelle famille.

4

La larme facile

Calé au fond d'un large fauteuil Le Corbusier, dans son bureau du ministère de l'Intérieur, Christophe Castaner évoque le caractère tempétueux de son défunt père, la fréquence à laquelle il hurlait, notamment l'une de ses expressions fétiches : « Pauvre France ! » « Celle-là, elle m'a marqué. Je l'ai entendue très régulièrement. Peut-être, d'ailleurs, que si je m'engage politiquement, c'est que j'ai entendu par mon père que... » Là, il marque un arrêt. Un nœud bloque sa gorge, l'humidité envahit ses yeux. Soudain, le premier flic de France se met à pleurer. Quelques instants seulement. Pas à gros torrents non plus. Mais il pleure, là, à quelques mètres du bureau de Cambacérès, plongeant son interlocuteur dans le silence et la circonspection. Assiste-t-on à une commedia dell'arte lacrymale, dénuée de la légèreté qu'impose le genre ? Ou fait-on face à un homme qui, à bientôt cinquante-cinq ans et tout ministre de l'Intérieur qu'il est, ne parvient pas à canaliser ses émotions ? Il a quoi qu'il en soit la larme facile, Christophe Castaner. Tant et tant de témoins, tous ceux qui l'ont croisé ou presque, le corroborent.

C'est une petite main du Palais-Bourbon qui se souvient n'en avoir vu qu'un, lui seul, essuyer ses larmes lors de l'hommage rendu dans l'hémicycle de l'Assemblée nationale à la députée macroniste Corinne Erhel, brutalement décédée à la veille du second tour de l'élection présidentielle. Il y a aussi ce passage remarqué, en janvier 2018, sur le plateau de Thierry Ardisson, pour l'émission « Les Terriens du dimanche ! ». Alors porte-parole du gouvernement, il passe du sourire, celui qui l'anime lorsque la présentatrice Hapsatou Sy le complimente sur son allure « sexy » – le terme est d'elle –, aux yeux humides dès l'instant où une jeune fille, Eva, interrogée par le bloggeur vedette Jeremstar, raconte le terrifiant quotidien d'une harcelée scolaire. Bien sûr, la société du spectacle fait son œuvre, l'invité avait été prévenu que l'émission sauterait du divertissement à la gravité, qu'une mine concernée serait alors de circonstance.

Un permanent de La République en marche raconte, lui, avoir vu les vannes s'ouvrir lors du goûter organisé à la va-vite, au siège du parti, pour son départ. Ce mouvement, qu'il n'avait pas voulu diriger, il l'a dans un premier temps quitté pour Beauvau sans même un au revoir. Les permanents du QG l'ont mal vécu, ce dont il a eu écho, alors il est tout de même revenu dire un mot d'adieu. Ce jour-là, en catastrophe, les salariés lui préparent une vidéo souvenir, de celles que l'on diffuse dans les mariages ou lors des anniversaires qui comptent. Il n'en fallait pas plus pour relancer la fontaine. Une intime confirme du tac au tac, sans une once d'hésitation : « Il pleure tout le temps. Il pleure, il pleure, il pleure. Il pleure beaucoup. Tellement... Il est très émotif, très dans l'affect. »

Sa collaboratrice historique à la mairie de Forcalquier, Florence Cornuet, confie avoir tremblé au moment de sa prise de fonctions place Beauvau. L'une de ses premières pensées fut celle-ci : « Quand il est nommé ministre, je me dis : "Oh, non, j'espère qu'il ne va pas verser sa petite larme !" » Elle sait de quoi elle parle. Directrice générale des services, elle a, de ce fait, assisté à tous les vœux du maire Castaner. « Durant les cérémonies de la municipalité, il y avait toujours des moments où il était ému. Il faisait passer des messages, ça le renvoyait à des moments vécus. Sa deuxième fille est née le jour des vœux pour 2003. Donc, chaque fois, ça recrée de l'émotion. » Ainsi en 2011. Le discours s'achève. Après une représentation des élèves de CM2 au thème sombre, les camps de concentration, la diffusion d'un improbable film sur la ville dont le narrateur, un chat, déroule son texte façon slam, après une invitation à s'indigner quasi prérévolutionnaire, un plus classique instant « bilan et perspectives », vient le moment de conclure sur une note personnelle, très personnelle. « En pensant à ceux que j'aime, à ceux que j'ai aimés... » Sanglots. La voix s'enraie, se brise. Le maire, pour qui cette cérémonie est la neuvième du genre, peine à poursuivre. « Faisant le lien entre deux cérémonies dans cette salle… Celle en conclusion de laquelle je souhaitais une belle petite fille, et Léane nous rejoignait la nuit suivante… Et celle de l'an dernier qui fut pour ma maman sa dernière sortie… La vie est un combat où la tristesse entraîne la défaite. » Il y a ces temps de pause, interminables, entrecoupés de hoquets, ces émotions si personnelles déballées là, comme ça. Les secondes s'écoulent alors au rythme de longues minutes et, une fois encore, on ne sait qu'en penser. Ironie des discours écrits, Castaner venait d'encourager ses administrés à « faire plutôt que pleurer ».

Quand vient le temps des cérémonies d'hommage, et même des vœux aux syndicats de police, la mécanique demeure la même : un temps d'arrêt, la bouche se tord, les yeux se plissent, s'embuent, la tête s'incline légèrement, après une marque d'effort, la phrase entamée redémarre. Ainsi en août 2019 à Nîmes, lorsque le ministre honore la mémoire de Franck Chesneau, pilote de bombardier mort en luttant contre de violents incendies. Ou qu'il répond, un peu plus tard, dans l'hémicycle de l'Assemblée nationale, à une question sur ce drame. « Il se trouve que, deux heures avant, j'avais encore sa femme au téléphone pour parler de la rentrée des enfants », justifie-t-il.

Son aîné, Serge, le jure, les larmes de son frère ne sont pas celles d'un crocodile. « C'est aussi ce qui fait la qualité d'un individu. Ça fait partie de la richesse de Christophe : s'il peut être autant à l'écoute, c'est qu'il a sa sensibilité », défend-il. Lui-même, gaillard taille bûcheron, est plutôt du genre madeleine. Tandis que, justement, ses glandes lacrymales lui jouent des tours au moment d'évoquer l'immense besoin de reconnaissance de son petit frère, il lâche spontanément : « On est deux comme ça. » Christophe et lui, précise-t-il. Manifestation des plaies anciennes et mal cicatrisées d'une enfance passée sous le joug de la tyrannie paternelle ? Moins élémentaire que cela. Serge Castaner, toujours : « Et mon père était pareil, avec cette voix qui se coince. » Un ancien compagnon de la campagne présidentielle va plus loin encore dans le parallélisme avec l'histoire familiale. « Quand il a dit qu'il était amoureux d'Emmanuel Macron, il a quand même placé la barre très haut… Mais, au fond, je pense qu'il est très malheureux car il cherche de l'affect chez un président qui n'en a pas. Le jour où il faudra le débrancher, Macron le fera dans l'heure. »

On ne peut toutefois pas ignorer que Christophe Castaner excelle dans l'art de communiquer, sait manier les ficelles médiatiques, ce qui complexifie encore l'affaire. L'empathie fait aussi partie de sa panoplie. Ceux qui l'ont côtoyé, de près, dans sa vie professionnelle, politique donc, sont ainsi plusieurs à relativiser ce sens de l'affect. Ils ont constaté combien il peut, aussi, être dur, cassant. « Quand il s'agit de sa carrière, il n'est pas sentimental. J'ai vu comment il avait tué certaines de ses collaboratrices », souffle l'un de ses compères du parti. Un lieutenant qui mena avec lui bataille, celle pour les régionales de 2015 en PACA, complète : « Il a un vrai souci relationnel.

Il peut être très cash, très direct. La première semaine de campagne que j'ai passée avec lui, j'ai pleuré quasiment tous les soirs parce que je le trouvais odieux. J'ai des souvenirs de déplacements où l'on s'éclatait, on se retrouvait à manger au McDo sur l'autoroute. Ça aurait pu être un pote avec qui on se marre. Mais, en fait, ce n'est pas le mec le plus convivial du monde. »

Émotif, Christophe Castaner l'est peut-être, certainement, mais il est aussi, murmure-t-on, doté de la capacité à « pleurer sur commande », façon larmes de communication massive. « Il sait donner l'illusion, jouer un personnage. C'est une éponge. On peut le modeler, tout lui faire faire. Il absorbe tout, confie, sous le sceau de l'anonymat, un salarié du parti. Il devrait être acteur, après la politique. » En janvier 2018, dans les studios de Thierry Ardisson, une petite main n'avait pu s'empêcher de lâcher en observant sa prestation : « Quand même, il est fort… »

II

SUR LA LIGNE JAUNE

1

Dans l'ombre de L'Oasis

Au premier étage du 6, boulevard Casimir-Pelloutier, entre deux volutes de fumée, un verre de whisky posé devant chacun, un drôle de kaléidoscope de la société manosquine s'observe en chiens de faïence. Autour de la table se font face un boucher, un maçon, une paire de truands, et même un flic. Sans oublier « l'étudiant », curieux surnom pour celui qui, précisément, n'étudie plus grand-chose. Christophe Castaner est à peine majeur et il « glande », « zone » – ce sont ses mots. Au mitan des années 1980, une partie de son horizon se borne aux murs de cette pièce discrète, réservée aux initiés, juste au-dessus du commun qui descend les pastis pignon sur rue, au comptoir du bar-tabac « L'Oasis ». Les deux fenêtres s'ouvrent sur les rangées de platanes. S'il tendait l'oreille, « l'étudiant » pourrait, de là, percevoir les éclats de voix de ses camarades, qui remontent vers le lycée Félix-Esclangon, quatre cents mètres plus loin. Mais il est certainement trop concentré, pour cela, sur les cinq cartes qu'il tient en main et la perspective, s'il rafle la mise, de s'offrir une belle sape ou d'aller flamber à L'Hacienda, la boîte de nuit en vue de la région.

Les verrous d'une éducation à la dure ont sauté d'un coup lorsqu'il a quitté la maison familiale et posé ses valises chez un copain du centre-ville. Les cours ne sont plus qu'un lointain arrière-plan. Le bac ne fut jamais un Graal, il n'est même plus une chimère. Le benjamin de la fratrie Castaner se couche et se lève tard, gagne un peu d'argent, évaporé en sorties, comme serveur dans les bars de Manosque ou livreur de matériel électrique pour le compte de l'entreprise marseillaise Cabus et Raulot. Un jour, son copain de classe Laurent Zonca revient de L'Oasis avec cinquante francs en poche et une recette plus distrayante que les petits boulots pour améliorer l'ordinaire. Comme tous les lycéens qui traînent dans les troquets, Les Négociants a alors ses faveurs ; Christophe Castaner sait jouer au tarot, à la contrée. Il se formera au poker, « celui de l'époque, avec cinq cartes, où il fallait réfléchir un peu, pas le poker débile de maintenant », précise son frère Marc.

C'est sur ce prologue, plus banal que le mythe tressé ensuite, que l'ado pousse la porte de L'Oasis, tenu par le duo de propriétaires Payan et Gambarassi. Des lamelles de laiton et tubes de néon grésillant couvrent le plafond, l'extracteur de fumée se manifeste par un bourdonnement continuel et assourdissant. Il faut laisser le long comptoir sur la gauche et se diriger au fond du bar où, à côté des toilettes, une porte débouche sur l'escalier en colimaçon menant au premier étage. Là, à l'abri des regards, se jouent les plus grosses sommes. Christophe Castaner commence par observer. « Puis je me suis assis. Et j'étais pas mauvais », souffle-t-il, faussement modeste et soucieux d'estomper ces aspérités. Car, cocasserie d'un parcours qui le conduira place Beauvau, parmi ses partenaires de jeu figurent une poignée de voyous, qui pour certains finiront avec une renommée nationale et le corps criblé de balles.

En ce temps, Manosque est une « ville ouverte », dispositif mis en place par les autorités pour accueillir les condamnés interdits de territoire dans leur département, avec pour effet secondaire de transformer la cité de Giono en base arrière du milieu marseillais. Le mythique parrain de la cité phocéenne Gaetano Zampa, ponte du trafic d'héroïne, des jeux et de la prostitution, en guerre ouverte avec son ancien bras droit Jacky « le Mat », loge un temps près de la gare. En 1989, l'un de ses lieutenants, Robert Seferian, sera descendu sur le pas de L'Oasis. Il y a aussi un groupe de jeunes, le gang des Alpes. « Cette équipe va placer des machines à sous dans toutes les Alpes-de-Haute-Provence, et même les Hautes-Alpes, raconte René Frégni, auteur de polars et spécialiste de ce milieu. On pense qu'ils en ont eu jusqu'à plus de cent cinquante, sachant qu'une machine rapporte dix mille à douze mille euros actuels par an. » L'Hacienda, à Volx, discothèque en forme de grande villa cossue avec piscine extérieure, où viennent frimer et draguer les jeunes de la région, est leur QG. L'établissement est la propriété du cerveau présumé de la bande, Daniel Areno, dit « Dany Viand », pseudonyme hérité de sa boucherie, dont l'enseigne rouge continue d'en imposer, avenue du Majoral-Raoul-Arnaud. Les frères Bruno et Vincent Saccomano complètent une équipe au sein de laquelle Christian Oraison détonne. « Le Grand Blond », colosse charismatique d'un mètre quatre-vingt-quinze, sort du lot. Il est de ceux qui font germer une pointe d'envie et d'admiration dans le cœur des âmes au quotidien plus ordinaire. « Un mec qui avait de la classe et savait vivre », se pâme Marc Castaner, futur médecin traitant de Mme Oraison, son épouse. De ceux qui n'alpaguent les uns et les autres que par surnoms, « l'étudiant » par exemple. « Il est costaud, beau garçon, très adroit de ses poings et de son calibre, énumère René Frégni. Il roulait en Porsche, Ferrari. Il était habillé sport, polo Lacoste, veste Boss ou Cerutti. » En ville, tout le monde le connaît. Ses activités ne font mystère pour personne, y compris la police. « Les flics à l'époque disent : “À partir du moment où ils font leur trafic, leur braquage ailleurs, ça va. Ils viennent dépenser à Manosque l'argent qu'ils ont gagné ailleurs. Ils ne dérangent personne” », décrypte Frégni.

Argent facile, belles bagnoles et jolies filles… « Évidemment, il y a une forme de fascination, concède Christophe Castaner, qui voit alors en Oraison une sorte de grand frère. Moi qui suis dans un conflit personnel, qui cherche à me construire quelque chose, je les observais avec les yeux qui brillent. Mais je ne les ai jamais rejoints. » Depuis son bureau de Beauvau, le premier flic de France insiste : « C'était un modèle, pas un modèle positif. À l'époque, ils devaient avoir quarante ans quand nous, on en avait vingt. On était des gamins. Et ils nous regardaient comme des gamins. Ils avaient des porte-flingue, mais on n'en était pas. On n'a jamais été proches au point que l'on me demande d'aller surveiller un truc. » L'absence de toute interpellation ou garde à vue connues semble l'attester. En somme, pour reprendre la formule de René Frégni, « Castaner n'est qu'une pièce rapportée ».

Cette « crise d'adolescence », selon l'expression choisie par l'intéressé, s'achève après trois années en clair-obscur. La vie n'est jamais si tranchée, les ponts familiaux n'ont jamais été totalement coupés. Ne s'écoule qu'une poignée de mois avant que Pierre Castaner ne déboule dans la salle enfumée de L'Oasis. « Mon père, venant dans un bar à Manosque, c'était un événement. » Franchir ce seuil suffit à manifester l'envie de renouer, ce que le fils saisit dans l'instant. Il y a aussi cette bagarre, déclenchée dans la salle du haut par « Ninasse », qui sera plus tard déclaré fou après avoir tué plusieurs personnes. La cohue propulse Christophe Castaner dans l'escalier, il en conserve une cicatrice sur le bras et une bosse sur le nez. « Cela a contribué à me dire : est-ce vraiment cette vie-là que je veux ? » Et puis il y a Hélène, cette petite amie qui étudie à Aix-en-Provence, et qui jamais ne met un pied au bar, jamais ne s'assoit autour d'une table de jeu. « Il aurait pu vraiment basculer vers tout autre chose, et aujourd'hui il ne serait pas ministre de l'Intérieur, observe celle qui est devenue son épouse. Mais justement parce que ses parents lui ont inculqué certaines valeurs, parce qu'on était ensemble, parce que ce n'était pas un univers que je fréquentais du tout, il a raccroché. »

Juin 1986. Tandis que la France s'enflamme pour les exploits des Bleus, à la Coupe du monde de football qui se joue au Mexique – pensez, une victoire en huitièmes de finale contre l'Italie et surtout, contre le Brésil de Zico et Socrates aux tirs au but en quarts de finale ! –, Christophe Castaner, qui n'a de toute façon jamais attrapé la fièvre du foot, bûche son bac B. Inscrit en candidat libre, il s'y est mis à la dernière minute, sans avoir ouvert un bouquin de l'année. Sueur et stupeur devant le programme de maths, il opte pour l'impasse, misant tout sur le français et l'économie. Le sésame est obtenu ric-rac. Christophe Castaner a vingt ans et démarre une nouvelle vie. « Dans les jours qui suivent, ça bascule. Je sais que j'aime jouer. Et donc, quand je fais ce choix-là, je ne remets plus jamais les pieds à L'Oasis. » La salle du haut ferme de toute façon l'année suivante, à la suite d'un changement de propriétaire.

Les années interlopes s'effacent peu à peu, à mesure que Christophe Castaner gagne en respectabilité et que la légende jaunit. Christian Oraison, lui, trace sa route de voyou jusqu'à la Dream Team, bande célèbre de braqueurs qui a notamment à son actif le rançonnage d'un Airbus sur le tarmac de l'aéroport de Perpignan en 1996. « Une très belle équipe, des pros, des spécialistes, dangereux, incroyablement déterminés », se souvient-on dans les rangs de la police. Après Noël 2000, l'attaque à Gentilly d'un fourgon de la Brink's, et les interpellations qui suivent sonnent le début de la fin, entre extraditions, procès, prison et règlements de comptes. En août 2008, Christian Oraison est abattu de plusieurs balles de gros calibre, dans le hall d'un immeuble. Il se trouvait à cinq cents mètres de L'Oasis.

Le passif de « l'étudiant » resurgit, lui, en 2015, lors de la campagne des régionales en Provence-Alpes-Côte d'Azur. Christophe Castaner se confie à une journaliste de *La Provence*, qui en glisse quelques lignes bien renseignées au milieu d'un portrait. *Bis repetita*, cinq mois avant sa nomination au ministère de l'Intérieur, en juin 2018, avec un article du *Journal du dimanche* consacré à ses « erreurs de jeunesse ». La stratégie est vieille comme la communication politique, mieux vaut déminer le terrain en amont que de se laisser surprendre par la déflagration des révélations. Même si, ce faisant, Christophe Castaner contribue à alimenter ces « fantasmes » qui le font tant pester. Car cela n'empêche pas les sourires en coin, lorsque vient « son » moment, celui de remplacer Gérard Collomb. À cette occasion, un stratège de la Macronie en appelle, non sans arrière-pensées, à sa mémoire : « François Mitterrand, quand il avait nommé Gaston Defferre, avait dit : “J'ai nommé un type qui connaît les affaires de l'intérieur.” »

2

Gardé à vue

Dans un bureau du dernier étage de l'ancien commissariat d'Avignon, Christophe Castaner fait face à « L'Espagnol », comme il l'appelle. Le policier, qui a hérité de ce surnom du fait de son patronyme à consonance hispanique, prévient celui qui est alors, à vingt-neuf ans, chargé de mission à la mairie : « Vous savez, d'habitude, dans les gardes à vue, on attache certaines des personnes qu'on interroge parce qu'on ne veut pas qu'elles sautent par la fenêtre. » C'est en tout cas comme cela que le raconte l'ex-adjoint du directeur général des services. Un sourire, et puis ces mots : « Rassurez-vous ! » Lorsqu'il revient sur cet épisode de juin 1995, Christophe Castaner adopte un ton empreint de légèreté. Au moment de sa nomination place Beauvau, cette histoire, comme ses parties de poker, en feront pourtant pouffer plus d'un. Décidément, rit-on sous cape, à l'automne 2018, ce ministre de l'Intérieur-là « connaît tous les enjeux du poste ».

L'intéressé, lui, choisit le mode badin, ce qui offre l'avantage de minorer cette erreur de parcours. Un « même pas mal » qui se veut un « même pas grave ». Ainsi évoque-t-il sa garde à vue : « J'en garde un souvenir plutôt sympa. Le flic en question était très sympa. Il était spécialisé dans les stups. Le soir, je me retrouve en cellule de garde à vue collective parce que les cellules individuelles étaient vraiment pourries. Les mecs autour me disent : "Tu es là pour quoi, toi ?" Alors, je leur explique. Ils me disent : "Tu déconnes !" Ils se méfient de moi. Ils pensent que je suis là pour les faire parler. J'y ai dormi. Le soir, on est allé prendre un sandwich à l'extérieur et le policier m'a dit : "Je vais vous laisser le moins longtemps possible, demain je viendrai super tôt." Et il est arrivé avec les croissants. » On croirait presque qu'il relate là une divertissante expérience de vie. Peut-être le fait d'avoir été traité en notable n'y est pas étranger. Il n'est qu'à écouter la façon dont il parle du juge, « plus revanchard », dit-il. « Il a attaqué en disant : "Ce n'est pas parce que vous êtes bardé de diplômes que vous allez m'impressionner." Je n'avais pas l'impression d'être bardé de diplômes, alors j'étais assez fier. »

Demeure cette question : pourquoi Christophe Castaner dort-il ce soir-là dans une cellule du commissariat d'Avignon, aux côtés de trafiquants de drogue et de conjoints violents ? Nous sommes alors en pleine campagne pour les élections municipales de juin 1995. Guy Ravier, le maire PS sortant, est à la peine. Autour de lui : Christophe Castaner, donc, qui fait ses armes en politique après avoir été recommandé par son ami François Blouvac, engagé comme directeur de cabinet. Le retour d'ascenseur aura lieu vingt ans plus tard. Lorsque Castaner devient délégué général de La République en marche, à l'automne 2017, c'est à lui qu'il demande d'être son bras droit. Dans la cité des Papes, ces années-là, on retrouve également Emmanuel Couet, directeur de la communication et futur président PS de Rennes Métropole. Blouvac et Couet restent, à ce jour, parmi les rares amis que l'on connaisse au ministre de l'Intérieur. Les municipales se présentent mal, donc. Et voilà qu'un « privé », raconte François Blouvac, propose de discréditer la rivale de Guy Ravier, la députée RPR Marie-Josée Roig. La campagne du candidat PS n'est pas bonne, mais, relève un artiste peintre de ses sympathisants, il est vrai qu'il est difficilement possible de monter en gamme. Alors, poursuit le même, s'il est compliqué de « faire quelque chose en faveur de Ravier », reste à « faire contre quelqu'un »... Un dessinateur, Michel Coviaux, est contacté. « L'erreur de l'équipe de campagne est de collaborer à cette initiative », admet aujourd'hui Blouvac.

Le 9 juin 1995 au matin, deux jours avant le premier tour, trente-cinq mille exemplaires d'une « bande dessinée véritablement pornographique », dira le juge, sont imprimés. Il s'agit d'un pastiche, de mauvais goût, du *Canard enchaîné*, dont le titre a été féminisé. *La Dinde enchaînée*, « journal satirique apparaissant à bon escient », représente, en une, la candidate RPR,

Marie-Josée Roig, grimée en volaille, poignets liés par des chaînes, jambes écartées, derrière relevé, regard extatique et bave aux lèvres. Derrière elle, dans une posture explicite, un vautour, en l'espèce, le sénateur RPR Alain Dufaut. Si l'intention du dessin échappait au lecteur, les surtitres sont là pour clarifier le propos. Soit : « Érections municipales – Duf-Duf déclare : Goosy-Goosy est une Mairie-couche-toi-là ! » Ou encore : « Duf-Duf élu ? Ce n'est plus une mairie... c'est un hôtel de vils. » Les pages intérieures sont à l'avenant, noircies de « termes et dessins qui dépassent, et de loin, la simple satire, contrairement à leurs affirmations, surtout si l'on considère les "légendes" sous les dessins, à connotation sexuelle, qui portent une atteinte réelle à la vie privée de Mme Roig », estiment les juges. Les deux élus RPR déposent plainte pour diffamation et injures publiques. Lorsqu'elle fouille dans le brouillard de sa mémoire, Marie-José Roig, qui en a vu d'autres, conserve le souci de « traiter cela par le mépris ». « C'était absolument ridicule, mal placé, extrêmement désagréable, mais sur la ville ça n'a pas provoqué de révolution », évacue l'ancienne maire RPR d'Avignon. Ton pincé, pointe de dédain. « C'est grossier. Comme aurait dit ma mère, c'est l'acte de quelqu'un qui n'a aucune éducation. Ça m'a donné une idée sur le personnage. »

L'affaire est portée devant le tribunal de grande instance d'Avignon, le 5 septembre 1996, jugée le 10 octobre suivant. De la petite équipe qui entoure

Guy Ravier à la mairie, Christophe Castaner est le seul à comparaître. François Blouvac a lui aussi fait de la garde à vue, ce dont il conserve un souvenir moins amusé que son compère, mais n'est pas cité. Castaner, en revanche, est accusé d'avoir participé à la distribution de la bande dessinée. Sa défense plaide cette insouciance qui vise à se déculpabiliser. S'il a « péché », dit-il alors, cela serait dû à « une inattention de sa part, pendant une durée tout au plus de vingt minutes après lesquelles, s'étant aperçu de l'énormité "de la chose", il a tenté d'arrêter la diffusion des brochures ». Vingt-quatre ans plus tard, Christophe Castaner livre à peu de chose près la même histoire, tout en lestant son récit de détails, dans lesquels son interlocuteur se perd. Voici sa version 2019 : « C'est l'ancien maire de droite qui est à la manœuvre. Un membre du cabinet est vaguement au courant. Il me montre le truc. Quelques semaines avant, j'avais organisé un rassemblement de motards de la police. On les accueille, et moi, je pilote l'événement. Et là, il y a ceux qui ont organisé, dont des flics, le mec du service de sécurité de l'OM, qui disent : "Si un jour tu as besoin de mecs pour distribuer des trucs..." Quand ils commencent à distribuer le truc, l'un m'appelle et me dit : c'est une énorme connerie. Je lui dis : "Fais voir." J'étais au lit, je récupère le truc. Dans la nuit, je dis : "Vous arrêtez tout." En fait, il a été assez peu distribué. Sauf qu'il a été distribué dans la mairie, par le seul gardien de la mairie qui était membre du PS. En fait, il y a eu cent exemplaires dans la mairie. Mais, le lendemain, la polémique est là. »

Sous-évalué, si l'on s'en tient aux faits tels qu'établis par le tribunal. Le juge condamne Christophe Castaner en ces termes : « Attendu que M. Castaner a été chargé de la distribution des brochures tirées, rappelons-le, à trente-cinq mille exemplaires pour le prix de plus de cinquante mille francs ; qu'il est aussi peu pensable que, après avoir permis cette diffusion, il eût arrêté celle-ci seulement vingt minutes après, en raison du nombre d'exemplaires qui ont été répandus dans la ville d'Avignon ; attendu que, quoi qu'il en soit, M. Castaner ne peut bénéficier d'une équivoque quelconque car lui, il a eu en possession l'ouvrage en son entier et en couleur et que c'est quand même par son intermédiaire que ces brochures ont été distribuées… » Chaque protagoniste doit payer cinquante mille francs, ainsi que, collectivement, des dommages-intérêts de trente mille et quinze mille francs à Marie-Josée Roig et Alain Dufaut.

Les années passant, les membres de la petite équipe municipale ne trouvent pas matière à sourire. À l'image du sénateur Simon Sutour, à l'époque supérieur direct de Christophe Castaner et qui a récolté trois heures de garde à vue dans l'affaire. « C'est à la fois assez minable, anecdotique, et aussi le résultat d'une absence de contrôle, de maîtrise, avec une situation qui dérape. Il y a des gens qui à différents échelons pensent faire bien, prennent des décisions, sans s'interroger sur ce qui est en train de se passer », tranche François Blouvac. Même Christophe Castaner, renouant avec le sérieux, finit par certifier s'en être « beaucoup voulu d'être mêlé à ça et de ne pas avoir eu la prudence de l'empêcher ». Marie-José Roig aurait apprécié un mea-culpa plus marqué. « Lorsqu'il est revenu aux affaires il aurait pu être plus explicite, estime-t-elle. À sa place, j'aurais dit : Il y a quelques années j'étais un peu léger, j'arrivais en politique, c'était une sottise. Ça aurait été plus agréable. » Alain Bauer, son parrain en politique au titre de chef de file des jeunesses rocardiennes, en tire, lui, un enseignement qui donne aussi une clé sur son ami. « Son défaut, c'est qu'il est extraordinairement imprudent, juge le criminologue. Je l'ai découvert lors des municipales d'Avignon avec cette histoire de BD. Une BD pour un rocardien… Ce n'était pas bien. Michel Rocard n'en était pas content. »

Savoureux épilogue de cette baroque sortie de route, début avril 2019, Christophe Castaner a de nouveau franchi le pas du commissariat d'Avignon. Ni l'adresse ni le bâtiment n'étaient les mêmes. L'ancien hôtel de police a, entre-temps, été démoli. Cette fois, il ne portait plus le costume de petit cadre de la municipalité, mais celui de ministre de l'Intérieur, venu remercier les policiers pour leur gestion des manifestations des Gilets jaunes, mais aussi la résolution d'enquêtes portant sur des règlements de comptes. « On ne se baigne jamais deux fois dans le même fleuve », écrivait Héraclite.

3

Hélène, le garde-fou

Début des années 1980, à Manosque. Au lycée Félix-Esclangon, ce jour-là, les portes sont ouvertes aux anciens, à l'heure pour leurs cadets de choisir leur future orientation. Scène ordinaire de la vie scolaire. Marc Castaner raconte la fac de médecine à Aix-en-Provence, les heures passées à s'esquinter les yeux sur des livres gros comme des encyclopédies, à bachoter des heures et sans relâche, quand débarque son frère, Christophe, une jolie jeune fille à son bras. « Je te présente Hélène, ma copine. » Cette rencontre, le ministre l'évoque avec des mots d'adolescent : « Je l'ai connue en seconde. On est sortis ensemble en première. » À croire la description qu'en livrent leurs proches, leur couple, c'est l'allégorie de la théorie des genres. Petit bréviaire des termes employés par famille et amis. Elle serait « la réserve même », « animal à sang froid », « posée », « calme », « classe ». Lui, « beaucoup plus chaud », « feu follet », « aimant la vie », « charismatique ». « Kéké », déjà. Elle est bonne élève ; il a rangé cahiers et crayons au placard. « C'est un peu le yin et le yang, philosophe leur ami d'enfance, le journaliste local Jean-Luc Icard. Souvent, on dit que les opposés s'attirent… Elle lui a servi de phare, pour qu'il ne fasse pas de conneries ! C'est un peu un garde-fou. »

L'histoire est ainsi contée. Lui a laissé tomber le lycée, perd ses nuits en parties de poker à L'Oasis ou sur la piste de danse de L'Hacienda. Elle est déjà étudiante en économie à la fac d'Aix-en-Provence, sourde aux sirènes du milieu manosquin, dont le clinquant attire pourtant plus d'une pépée. « Elle est la seule qui n'aime pas ce qu'elle considère comme une part d'ombre, de mal. Elle refuse cette vie-là », raconte Christophe Castaner. Quelques années durant, peut-être trois, chacun évolue dans des univers parallèles, qui jamais ne se croisent. Jusqu'au jour où Hélène lui tient à peu près ce langage : « Mon coco, t'es gentil, mais moi je ne vais pas passer ma vie avec un tocard ! » C'est le cadet de la fratrie, Marc, qui rapporte le dialogue en ces termes. « C'est comme ça, dit-il, que Christophe le présente, et c'est comme ça que ça a dû se passer à l'époque. » Hélène le sait, elle jouit, encore aujourd'hui, de l'image du « sauveur » au sein de sa belle-famille. Serge Castaner, le frère aîné : « Elle l'a aidé à se remettre dans le droit chemin. C'est quelqu'un de discret, de l'ombre. Elle l'a connu avant qu'il soit tout ça. Elle a de grosses valeurs. Elle lui apporte une stabilité. »

Le « coco » passe le bac en candidat libre, s'inscrit en fac de droit à Aix-en-Provence. Débute une vie de couple, dans le petit appartement de l'étudiante, où ceux qui ne sont pas encore « les Castaner » rêvent ensemble d'un ailleurs plein de promesses. La capitale si possible. « On n'a qu'une idée : partir loin. Revenir au pays… C'est joli, la campagne, mais on avait envie de vivre. Dès qu'on finit nos études, on se dit : où est-ce qu'on va travailler ? On se dit : on va aller vivre à Paris. On s'installe loin de la famille, de Forcalquier et de Manosque », se remémore le ministre, qui vit et travaille désormais place Beauvau.

Christophe et Hélène Castaner se marient à Forcalquier, en juillet 1994. L'usage voudrait que l'on ajoute « et ils ne se sont plus jamais quittés ». Mais la vie de chacun est invariablement, ou presque, plus singulière que les lieux communs. Lorsqu'il plaque Paris, où il s'ennuie ferme à la BNP, pour Avignon et un poste de chargé de mission à la mairie, elle reste dans la capitale. Sa vie, son travail, ses amis sont là. Mouvement inverse au printemps 2017, lorsque son mari prend ses quartiers dans les ministères des Relations avec le Parlement, puis de l'Intérieur. Hélène Castaner ne suit ni à l'hôtel de Clermont ni place Beauvau, continue d'habiter Forcalquier, de travailler comme cadre bancaire, à Aix-en-Provence cette fois. Un quotidien de Mme Tout-le-Monde, à ceci près que la vie ministérielle s'invite à domicile, y compris quand on la tient à distance. Quiconque lui rend visite, même pour le temps d'un café sur l'îlot central de la cuisine, doit montrer patte blanche. Première alerte, aux prémices du quinquennat, quand la maison familiale est taguée d'un « Castaner, on va te vacciner ». Chargé alors des Relations avec le Parlement, il n'est pas le ministre le plus exposé. Mais la colère contre la loi rendant onze vaccins obligatoires fait rage. Vient la crise des Gilets jaunes qui charrie son lot d'incidents. Les permanences ou foyers des responsables et députés de la majorité sont ciblés. Le couple Castaner dit avoir trouvé des lettres de menaces dans la boîte aux lettres. La bâtisse vit désormais sous protection policière. Bunkerisée.

Fin août 2019, l'un des auteurs de cet ouvrage demande à Christophe Castaner s'il est possible de le suivre à Forcalquier pour les besoins de l'enquête. Sans une once d'hésitation, celui-ci répond : « Je ne vais plus à Forcalquier. » Puis, toujours du tac au tac mais un cran plus ferme : « Je n'irai pas sur le privé. » Comme si la ville, dont il fut le député-maire, était désormais, à ses yeux, moins associée à son parcours politique qu'à sa vie personnelle. Signe, surtout, que ce terrain-là est miné. Certains collaborateurs se souviennent s'être retrouvés dans les cordes pour avoir abordé le sujet.

Le ministre comme son épouse se retranchent derrière cet argument : ils veillent à une stricte séparation des sphères, rôles et fonctions. Elle, surtout, manifeste sa réticence à apparaître en « femme de ». Ce n'est pas son « trip ». « Je considère que Christophe a son métier et moi le mien. En France, on a un gros souci, c'est la place des conjoints en politique. C'est d'un archaïsme incroyable. Je ne demande pas à Christophe de venir partager mon travail, pas plus que moi je ne vais m'immiscer dans le sien. Ce qui ne nous empêche pas d'échanger sur nos professions respectives », tranche-t-elle. La voix est douce mais le ton ferme la porte à ce qu'il en aille autrement. Parler restera, pour elle, exceptionnel. Ses amis abondent. « Elle l'accompagne dans sa carrière, mais elle n'est jamais en première ligne, car l'engagement de son mari, ce n'est pas son choix », dit l'une d'entre eux, Valérie Guiliani. Michel Hourie, un proche, à l'unisson : « Ce n'est pas une groupie. » Le souvenir des municipales de 2001 émoussé, aucun de ceux qui ont mené des campagnes électorales avec son époux se souvient de l'avoir ne serait-ce qu'aperçue. Il y a bien, à sonder les mémoires, ce meeting de Manosque, pour les régionales de décembre 2015, auquel elle assiste. Point. Ainsi pour les législatives de 2017, c'est accompagné de sa collaboratrice parlementaire, et non en couple comme le veut la coutume, que Christophe Castaner se rend au bureau de vote. Pareil cloisonnement devrait conduire à ne pas explorer ce qui a vocation à rester dans l'ombre. Les choses sont, là encore, un peu plus compliquées que cela.

Certes, le couple ne joue pas la conquête du pouvoir en duo, à l'image des Sarkozy ou des Macron. Il s'est tout de même autorisé une couverture de *Paris Match*, reportage à la maison et photo posée, sourire aux lèvres, tasse de café à la main, dans le jardin. Un seul autre cliché d'Hélène Castaner traîne sur Internet. C'est une photo prise à l'occasion de la cérémonie du 14 juillet en 2017. Elle la déteste. On l'y voit un peu plus blonde qu'elle n'est, les traits plus sévères malgré un sourire peut-être forcé. Un peu plus guindée aussi que dans le triptyque pull large-pantalon slim-bottines du quotidien.

Le storytelling peut néanmoins s'écrire sans images. Christophe Castaner aime à se raconter en homme « remis dans le droit chemin » par son épouse. Tandis qu'il s'apprête à prendre les rênes de La République en marche, il glisse à ses portraitistes cette anecdote, datant de l'époque où il fréquentait le milieu manosquin : « Un des copains de la bande avait une Ferrari. C'est peut-être moi qui ai demandé ou lui qui m'a proposé, pour frimer un peu, de la prendre pour aller au mariage de sa cousine. Hélène, au téléphone, m'avait dit : "Soit tu viens à pied, soit tu ne viens pas." » Par petites touches, tel un peintre pointilliste, il redessine le visage d'époux et père de famille effacé sous les éclaboussures du Noto et de cette une people sur leur possible divorce. C'est ainsi qu'il se présente sur le plateau de « Vous avez la parole », l'émission politique de France 2, de celles qui comptent. À ses interlocuteurs, place Beauvau, en pleines vacances de la Toussaint, il souffle, l'air ravi, doigt pointant vers les appartements, que sa femme et ses filles sont là, avec lui, pour la semaine. Le communicant politique qu'il est ne peut, ce faisant, ignorer quel message subliminal il envoie alors. Le tableau est brossé à petites touches. Faut-il regarder au dos de la toile ?

Il arrive que l'arrière-plan surgisse. Souvent, le dossier « Christophe Castaner et les femmes » est spontanément ouvert par des interlocuteurs de toutes sortes, de tous bords. Les rumeurs vont bon train dans les coulisses du pouvoir. Une réputation de dragueur impénitent lui colle à la peau depuis ses premiers passages en cabinets ministériels jusqu'à Beauvau. Il arrive que des collègues le chambrent sur sa réputation de « joli cœur ». Il n'aime pas cela. « Je sais, balaie Castaner. Je traîne ça comme un boulet. À l'Assemblée, au mouvement… Ce sont des conneries. Je suis par nature séducteur dans le geste politique. Et comme *a priori* j'ai une gueule… On est dans un jeu de séduction dans la vie politique. »

Le champ privé est par essence domaine réservé aux seuls intéressés. Les seules questions qui vaillent sont les suivantes : lui arrive-t-il d'aller trop loin ? Cela perturbe-t-il sa capacité de décision ? Aucun de nos interlocuteurs ne s'aventure à l'affirmer. Reste une polémique, celle du Noto, venue percuter la communication gouvernementale en pleine crise des Gilets jaunes. Elle aurait pu lui coûter sa place. Christophe Castaner ne veut pas aller « sur le privé ». Mais, ce mois de mars 2019, le privé est venu à lui.

4

La nuit du Noto

Le ministre de l'Intérieur se laisse aller dans les bras d'une jeune femme blonde. Il semble dans sa bulle, comme ivre de cet instant volé hors les murs de la place Beauvau. Ce samedi 9 mars, il est ailleurs, pour quelques instants. Grisé, ce qui ne l'empêche pas de repérer l'objectif qui se tend vers lui. Christophe Castaner aperçoit l'iPhone et, tout de suite, comprend. Des mois plus tard, il raconte : « Je vois le portable et je m'en vais. Le problème, c'est que je me casse trente secondes après, et le mec ensuite essaie de vendre ses images. » Six jours plus tard, le magazine people *Closer* diffusera la vidéo. Le ministre prévient qui de droit, à Matignon notamment, qu'une secousse se profile. En pleine crise des Gilets jaunes, tandis que le débat sur les violences policières fait rage, l'incident fait mauvais genre. Dès le dimanche 10 mars, la jeune femme qui l'accompagne tente, elle, de joindre ses amis. « J'ai fait une connerie. »

Cette jeune femme blonde, dans un premier temps confondue par la presse people avec sa cousine Emma, c'est Clara Sabban, collaboratrice de Christophe Castaner de son entrée au gouvernement en mai 2017 jusqu'en avril 2018, date à laquelle elle quitte La République en marche. Son tailleur-pantalon, porté sur talons hauts, sa façon d'évoquer sa « vie sociale très épanouie » ne camouflent pas tout à fait sa candeur, ni sa jeunesse. Clara, « hyper attachante, hyper sexy, sachant que sa force, c'est ça », *dixit* une amie, a tout juste trente ans, aime sortir dans des lieux branchouilles. Elle a le CV d'une jeune fille bien née, sciences politiques à l'université d'Assas, affaires publiques à celle de Paris-Dauphine, année de césure au consulat général de France à New York. Christophe Castaner et elle se connaissent depuis 2016. Cette année-là, Clara Sabban lance sa start-up, Cityzee, qui propose des outils numériques, site Internet et application, aux élus et collectivités locales, pour faciliter les échanges avec leurs administrés. Avec son associée, elle cible les députés-maires à la débrouille, récupérant les mails des assistants parlementaires, sollicitant le standard à l'Assemblée. Le député de la deuxième circonscription des Alpes-de-Haute-Provence est parmi les premiers à répondre. Lorsqu'il reçoit les deux jeunes femmes, le produit n'est qu'une maquette. Cityzee a besoin d'élus pilotes pour les phases tests, Christophe Castaner souhaite apparaître en maire innovant. Objectif né de ces intérêts croisés : présenter l'application lors des vœux pour l'année 2017. Clara Sabban est ce jour-là dans la salle, répond aux questions de la presse locale. L'hebdomadaire de l'ami Jean-Luc Icard, *Haute-Provence info*, titre « Forcalquier se tourne vers le numérique… sans tourner le dos à son passé ! ».

« Christophe est celui qui m'a donné ma chance », loue Clara Sabban. Où la gratitude se mêle à la volonté de faire valoir un succès. Les liens perdurent, tandis que le député saute dans le train d'une épopée victorieuse, celle d'Emmanuel Macron, dont la jeune femme qui prodigue au député conseils en communication et notes sur certains discours, est fan. Parvenu au gouvernement, Christophe Castaner l'impose au sein de son cabinet. Une partie de ses collaborateurs tord le nez. Le 7 juillet 2017, un arrêté du gouvernement nomme Clara Sabban « conseillère au cabinet du porte-parole du gouvernement ». S'ouvre une période dont la jeune femme parle comme d'un « âge d'or ». Le cabinet de Castaner, qui le suit au siège du parti une fois celui-ci nommé délégué général de La République en marche, « c'est un peu Dallas », susurre-t-on. Des salariés du parti n'en reviennent pas d'assister à « des craquages de nerfs, où une nana sortait en chialant, parce que l'une ou l'autre était en désaccord avec Christophe et qu'il avait pris un arbitrage défavorable ». Clara Sabban quitte le parti en avril 2018, virée, « très salement », dit l'un de ses anciens collègues. « Je trouvais qu'elle n'avait pas trouvé sa place dans le dispositif au parti. À la fin de sa période d'essai, je ne l'ai pas renouvelée. Je ne l'ai plus croisée jusqu'à cette soirée-là », affirme le patron. Aussi, lorsque éclate l'affaire du

Noto, d'aucuns avancent qu'il s'agit là d'un piège, tendu par pure vengeance. Désormais salariée d'une prestigieuse agence de communication, Clara Sabban dément vivement lorsqu'on lui soumet l'affirmation : « C'est la théorie facile. C'est tellement facile et tellement dédouanant. Il ne s'est pas fait piéger. On ne piège pas un ministre de l'Intérieur, quand on a trente ans, qu'on a été sa conseillère. C'est d'une absurdité… C'est ridicule. »

Le Noto est de ces établissements sélects qui offrent le luxe de l'entre-soi, et donc de la discrétion. Ceux qui y ont leurs entrées n'ont pas à en passer par des heures de queue, mais par une porte discrète, offrant une large vue sur la salle. Elle l'assure, elle n'aurait pas convié le ministre à la rejoindre au « Macumba du 10ᵉ arrondissement », mais là, se dit-elle, ils seront entre gens de bonne compagnie. « Cela faisait plusieurs samedis que les Gilets jaunes ne manifestaient plus de manière aussi visible et virulente dans les rues de Paris. Le timing est malencontreux. L'épisode se passe un samedi soir où les choses étaient calmes. Les photos sortent le vendredi suivant, dans cette presse people. Et le lendemain, samedi [le fameux 16 mars 2019], il y a eu un regain de violences. Ça, on peut être le meilleur ministre de l'Intérieur, on ne peut pas l'anticiper », justifie Clara Sabban. Christophe Castaner utilise, peu ou prou, les mêmes arguments. Il ajoute : « Il y a des moments où vous n'êtes pas bien dans vos pompes, où l'on vous dit : “Passe à cet anniversaire, ça va te faire du bien.” C'était un moment où j'avais de vrais questionnements, ou j'étais moins en forme, et je me suis dit : “Allez, je vais boire un coup.” Et puis je fais une connerie. »

Un ministre de l'Intérieur peut-il se permettre cela ? Non, c'est la loi de la fonction, tous ceux qui sont passés par le fauteuil le disent. Ainsi, son prédécesseur Brice Hortefeux, qui parle en connaissance de cause, lui-même ayant été filmé non pas dans les bras d'une femme, mais alors qu'il se laissait aller à une blague raciste sur les « Arabes » : « La vie à Beauvau, c'est une préoccupation permanente, une pression de tous les instants. Je ne me souviens pas d'être allé à un dîner d'anniversaire chez un copain, c'est inenvisageable. J'avais toujours mon téléphone à côté de moi, je voulais être joint partout. Il y a des choses qu'il faut s'astreindre à ne pas faire quand on est un personnage public. Quand on est ministre de l'Intérieur, on l'est à cent pour cent. » Ses amis le disent, Nicolas Sarkozy, par exemple, prenait soin de ne plus fumer le cigare, l'un de ses péchés mignons, en public. Ce moment de détente, au goût de luxe, tellement antinomique des drames auxquels le poste confronte, c'est à l'abri de ses appartements privés qu'il se l'offrait. Un ancien de la maison abonde : « Quand on est ministre de l'Intérieur, on rentre dans les ordres. Chaque jour, il y a un drame. Il est impossible de se bourrer la gueule ou de se détendre, à la fois pour rester disponible et pour des questions d'image. Il n'y a pas une minute de répit. Il faut être prêt à partir n'importe quand.

Le Noto, si le lendemain il doit assister à des obsèques de flics, ça ne passe pas. » Or, dans le cas présent, la crise des Gilets jaunes ébranle le pays. En haut lieu, certains y voient un interdit très français : « Il ne va pas jouer au poker avec des voyous, il va danser un samedi soir. Mais le pays, ou en tout cas ceux qui le critiquent, veut la comédie du pouvoir : le ministre de l'Intérieur, seul. Alors, il peut organiser des partouses dans son ministère, ça, tout le monde s'en fout. Mais il ne peut pas aller en boîte ! C'est : "Nous, on souffre. Vous vous rendez compte, ce salaud qui dirige les flics qui nous tapent dessus, lui, il va en boîte de nuit." C'est l'interdiction de se faire plaisir dans un moment de répression. »

Quelques semaines plus tôt, balayant ses trois premiers mois place Beauvau, Christophe Castaner confiait, au détour d'une conversation : « Moi, ici, je suis dans une prison totale. Vous ne pouvez plus sortir, plus aller boire un coup, ou alors il faut que la caravane du Tour vous accompagne. » Son frère aîné, Serge, va dans le même sens avec ces termes : « prison dorée ». « Il n'avait même pas une machine pour se faire un café le matin. Lui aime bien prendre son café en calbute en regardant les infos… Mais il faut s'habiller d'abord pour qu'un serveur l'apporte. » Ce soir-là, le ministre le jure, il n'a pas dérogé aux règles élémentaires de sécurité, il était accompagné de ses officiers de sécurité. Un syndicaliste policier en doute. Fortement. « Je pense que, ce soir-là, il les a semés et qu'il est parti tout seul. »

Le samedi 9 mars, c'est une piqûre de rappel qui lui est administrée. Rue de Varenne, nul ne se souvient d'une soufflante du Premier ministre, d'autant que Castaner lui apparaît « triste », « emmerdé ». Le chef du gouvernement « n'a pas la moraline aiguë », ricane l'un de ses amis. Même si Édouard Philippe devine parfaitement les dommages médiatiques que cela pourrait causer. « Cela donne une impression de légèreté alors que l'on questionne justement notre capacité à tenir la rue, cela va dans le sens de ceux qui nous taxent d'amateurisme », estime-t-on à Matignon. Au sommet de l'État, tous en conviennent, il s'agit là d'une lourde, d'une embarrassante, faute de communication, à l'heure où une poignée de secondes suffisent pour qu'une image passe du smartphone à la Toile. Le Président, lui, est en revanche « un peu père la morale », sourit l'un de ses intimes. Emmanuel Macron, plusieurs sources le confirment, passe, par téléphone, un sévère savon à son ministre, sur le mode « Non, mais ça va pas ? ! Un soir de Gilets jaunes, c'est complètement con ! » La claque, puis la caresse. Peu de temps après, un dimanche où le chef de l'État et son épouse ont prévu de déjeuner avec le couple Ferrand à l'Élysée, Emmanuel Macron se dit qu'il serait bien d'inviter le couple Castaner à se joindre à eux. De l'affaire, il ne sera pas question autour de la table. Mais Brigitte Macron prendra soin, par la suite, d'échanger avec Hélène Castaner. Car la déflagration est aussi personnelle. Si la diffusion de la vidéo agite, voire amuse, le milieu politico-médiatique, la secousse est plus forte, éprouvante, au sein de la famille Castaner.

Il est un SMS que le ministre de l'Intérieur met longtemps à ouvrir, c'est celui de son frère Serge. Ce dernier est alarmé à la lecture de la presse. « S'il s'est fait piéger comme cela, songe l'aîné de la fratrie, c'est qu'il n'est plus capable de se défendre, trop fatigué pour être lucide. » Il le dit à son benjamin : « Si tu n'es pas capable de te douter qu'il y avait vingt-cinq portables autour de toi, c'est que tu as dépassé les limites et que tu n'es plus capable de te protéger. Tu es un personnage public. Tout le monde va voir que tu embrasses une nana. Soit il faut être ivre mort, soit con comme un âne. » Ce disant, il exclut la piste de l'ivresse. « Mon frère ne boit pas. » Que l'on dise qu'il a pu aligner les shots, c'est d'ailleurs peut-être ce qui ulcère le plus le ministre de l'Intérieur, quand bien même il n'a, *a contrario*, pas de mal à dire de sa partenaire qu'elle était ce soir-là « fracassée ». « Et en plus on me prête de boire de la vodka ! » Christophe Castaner le martèle, il ne boit jamais d'alcool fort, héritage de son histoire personnelle. Cette image de fêtard qui lui colle désormais à la peau, les sketches de l'humoriste Nicolas Canteloup les touchent, lui et sa famille. À Forcalquier aussi, son ami Vincent Guiliani s'inquiète. « Il est seul et ça fait une soupape. Quand on a des responsabilités, on est seul. » Le jour de la parution, les téléphones de la famille Castaner chauffent.

À flirter avec la ligne jaune, le ministre s'est mis dans le rouge. Les semaines qui suivent sont rudes.

Par-delà ses déboires personnels, Castaner doit aussi jouer serré place Beauvau. Voilà des mois que, samedi après samedi, CRS, policiers sont mobilisés face aux Gilets jaunes, impuissants à empêcher la casse. On leur reproche d'avoir la main trop leste, le débat sur les violences policières fait rage, les troupes, elles, se disent essorées. La publicité de sa virée nocturne ne pouvait plus mal tomber. L'un de ses anciens collègues du gouvernement, qui ne revient toujours pas de cette bévue « indéfendable », aimerait lui dire ceci : « Arrête de te balader avec ton air martial, personne n'y croit ! Parce que tu finiras par te faire rattraper par la patrouille, comme au Noto, avec une meuf, à 3 heures du mat'. Les Français peuvent pardonner cela, mais pas si tu leur as vendu l'air martial avant. C'est une succession de personnages, mais à la fin, qui est-il ? » S'afficher en train de boire des verres dans un établissement branché de la capitale, à l'heure où les CRS regagnent seulement leurs camions… Plusieurs échos le rapportent : en interne, cela est mal vécu. Son image est écornée. Yves Lefebvre, secrétaire général Unité SGP Police FO, se dit que, « après tout, ça change du format à la Collomb qui, à cette heure-là, aurait mangé sa soupe et mis son bonnet de nuit », et se fend d'un SMS : « Monsieur le ministre, je vous apporte tout mon soutien. Cela fait du bien d'avoir un ministre qui est fait du même bois que nous. » Remerciements immédiats de l'intéressé, qui convient cependant : « Putain, j'aurais mieux fait d'aller faire du vélo ce soir-là. »

Lorsqu'on la retrouve, à l'automne 2019, à l'heure des afterwork, non loin du Trocadéro, Clara Sabban a à cœur de casser l'image qui lui colle désormais à la peau, celle de jeune maîtresse – « Mais quelle horreur ! » –, et de valoriser son travail de collaboratrice, « passionnée de politique », de « communicante » sachant peser chaque mot. Elle sait que parler relancera la machine. Mais elle a des messages à faire passer, sur lui, sur elle, sur ce qu'a été leur collaboration. Elle dit « relation ». Elle aussi songe qu'elle aurait dû faire autre chose, en tout cas autrement, ce soir-là. À l'entendre, elle n'est que remords. « Cette soirée est la chose que je regrette le plus au monde. Cet épisode, je ne peux pas le décrire comme autre chose qu'une erreur. Cela ne reflète ni ce que je suis, ni ce qu'il est. Je m'en veux au quotidien, que ces choses-là aient pu être rendues publiques. Je ne peux rien dire d'autre. Ce qui me dépite, aujourd'hui, ce qui me rend profondément malheureuse, c'est que ça ne nous reflète pas. Ça ne reflète pas son parcours à lui, alors qu'il bâtit des choses accessibles pour peu d'hommes politiques. Ça me dépite que ce soit un épisode que l'on retienne, dont on lui parle régulièrement. Ça ne reflète pas davantage ce que je suis. C'est très injuste. »

Et elle ? Elle raconte les tombereaux d'injures sur les réseaux sociaux, antisémites notamment, qui l'ont cueillie à froid, elle qui, élevée dans une famille « très laïque », a toujours eu « une conscience juive assez limitée ». « J'essaie de ne pas taper mon nom sur les réseaux sociaux, alors qu'il y existe tous les jours. J'y subis au quotidien les insultes les plus dégradantes et le sexisme le plus primaire », dit-elle. Les larmes montent. On ne l'arrête plus. La jeune femme poursuit : « Ça a été très dur à vivre. Je ne me lamente pas sur mon sort. Mais j'aurais pu choisir une vie plus facile, et j'ai choisi le contraire, j'ai voulu être une femme indépendante. Finalement, ce qui ressort à travers cet épisode, c'est juste l'image de la fille mignonne et insouciante qui a fait trébucher le ministre de l'Intérieur. Pour moi, c'est difficile à vivre, compte tenu de tout ce que j'ai voulu construire. Je suis remplie d'ambition depuis que j'ai vingt ans. J'ai toujours eu l'envie de m'engager, d'être utile. Je suis remplie de convictions, de projets, d'intuitions. Et je pense que j'ai une matière grise qui est exploitable. Et tout ça a été déconstruit à cause d'une soirée. C'est surtout ça qui est difficile à vivre pour moi. J'ai fait une erreur, nous avons fait une erreur. Qui ne fait pas d'erreur ? Voir ma vie privée exposée, les rumeurs, les extrapolations, les mensonges. Ça été dur à vivre. » On ne peut s'empêcher de lui demander si elle est toujours en contact avec le ministre de l'Intérieur. Elle sort un joker.

III

LE RESCAPÉ DE L'ANCIEN MONDE

1

À l'école du Forum

Christophe Castaner a mal dormi. « Hyper anxieux », observe Hélène, sa compagne. L'étudiant noue sa cravate, « un peu verte et assez moche », de celles que l'on garde au placard en cas de mariage, baptême ou enterrement, avant de prendre, la boule au ventre, la direction de la fac de droit d'Aix-en-Provence et son imposant amphithéâtre Portalis. Plus stressant qu'un examen, dont il se ficherait comme d'une guigne ou quasi, il va lui falloir convaincre des centaines d'étudiants de voter « Avenir », la branche rocardienne du syndicat étudiant UNEF-ID, en vue des élections au conseil de l'université, jusqu'ici bastion de l'UNI, l'organisation de jeunesse de la droite dure. La voix tremble un peu au moment d'entamer son discours, le premier de sa carrière. Lorsqu'il revient en ministre sur les lieux de ce baptême, en septembre 2018, pour parrainer la nouvelle promotion de l'Institut de droit des affaires, il s'amuse de voir les étudiants « impressionnés ». C'est qu'il garde en mémoire sa « scolarité moyenne ».

En cette fin des années 1980, Christophe Castaner ne se distingue pas vraiment par ses aptitudes universitaires, même s'il revendique un diplôme de sciences pénales et de criminologie et un DESS de juriste d'affaires international. Il a si peu travaillé que, persuadé d'avoir raté son examen, il ne consulte même pas les résultats le jour de leur publication. Son truc, c'est la politique. Son *líder máximo* à lui, Michel Rocard. Une « attirance » qu'il ne s'explique pas vraiment, si ce n'est qu'il vante « la transgression par la vérité », expression donnée *a posteriori*, raccord avec les canons de la Macronie. Et puis, il y a ce sentiment tripal que « le Parti socialiste le gâche », qu'« il faut l'aider », sur le mode « avec mes petits bras musclés, je vais mener le combat avec lui ». Héroïsme fantasmé à la sauce MJS ou transfert rétrospectif, c'est selon. Alors, le jour où Rocard donne un meeting au parc Chanot, il traîne son frère Marc dans la voiture, direction Marseille pour aller écouter son grand homme. « On avait été scotchés par l'esprit de synthèse de ce gars, qui discute pendant deux heures et demie sans jamais perdre le fil de son truc », se souvient le frangin.

Nous sommes au milieu des années 1980. Figure tutélaire de la deuxième gauche, rival historique de François Mitterrand, Michel Rocard, qui a passé la première moitié de la décennie à se marginaliser, cherche le rebond. Les « Clubs Forum » lui sont entièrement dévoués. À la manœuvre, un trio d'étudiants à Tolbiac, Manuel Valls, Alain Bauer et Stéphane Fouks. « Notre tâche, c'est d'avoir une organisation de jeunesse, dans une mouvance sociale-démocrate, sociale-libérale, proeuropéenne, avec une volonté de préparer une candidature à l'élection présidentielle, résume Valls. Il y a un objectif de conquête du pouvoir, de sortir le courant Rocard de sa culture minoritaire. » Christophe Castaner saute dans le train.

Lorsqu'il se rend aux réunions de la section PS de Manosque, où son ancien principal au collège, M. Pietri, l'a coopté, il se sent un peu seul parmi les mitterrandistes. Une formation, organisée à Avignon par Alain Bauer, est l'occasion de se faire de nouveaux amis. Il s'y lie, justement, au futur criminologue. Mais aussi à François Blouvac, dont il fera son directeur de cabinet à La République en marche, trente ans plus tard. Castaner se hisse « responsable PACA », maillon d'une chaîne formée par une bande de provinciaux, tous nés entre 1960 et 1970. Christophe Clergeau à Nantes, Benoît Hamon à Brest, Olivier Faure à Orléans, Jérôme Safar à Grenoble, Emmanuel Couet à Rennes, charpentent ces clubs Forum dans les territoires et en assurent la direction opérationnelle. Une génération politique est en train de naître. Contrairement au triumvirat fondateur, qui verrouille sa place près du sommet, ceux-là ne voient que rarement le grand chef.

Chaque année, toutefois, des universités d'été marquent la rentrée politique de Rocard, d'abord aux Arcs, puis à Vitrolles, Agde, Quimper… On y fait la fête, bien sûr, jusqu'à tard. Le matin, Stéphane Fouks, futur dirigeant d'Havas, fait la tournée des chambres en actionnant sa corne de brume pour réveiller les troupes. La bringue, oui, mais sans outrepasser certaines limites. « À l'université d'été de Pau, dans une soirée, deux filles déconnaient sur des danses sévillanes. Valls leur a jeté une fourchette. Il avait déjà cette forme d'exigence et d'autorité », se marre Castaner. Ces rendez-vous de rentrée, « c'était un peu La Mecque, on se vivait comme ceux qui savaient et allaient apporter la lumière au reste du pays », relate Christophe Clergeau, aujourd'hui président du groupe socialiste en région Pays de la Loire. À la fin de la décennie, le mentor accède à Matignon ; galvanisés, les clubs Forum s'imposent comme la plus grande organisation de jeunesse. Avec ses congénères, Christophe Castaner entonne volontiers l'hymne, « Au parti de Rocky ». À chanter sur l'air du générique d'un dessin animé japonais, au succès tel qu'il fut édité en 45 tours au début des années 1980, « Au pays de Candy ».

Au parti de Rocky, comme dans tous les partis,
on s'amuse, on pleure, on rit, il y a des méchants
[et des gentils
Mais pour sortir des congrès difficiles, avoir un courant,
[c'est bien utile,
Un peu d'astuce et de stratégie, c'est la vie de Rocky.

Christophe Castaner boxe déjà dans la catégorie « bons exécutants ». « Il a un côté soldat. Mais je ne l'ai jamais vu fixer la ligne, observe l'actuel patron du PS, Olivier Faure. Ce n'est pas l'homme d'une vision. » Alain Bauer abonde : « La plupart de ces jeunes militants sont devenus conseillers généraux, régionaux, maires, députés… Il était un de ceux-là. Le fait qu'il finisse par être élu était normal. Mais ce n'était pas comme Clergeau, par exemple, qui était une figure emblématique, intellectuelle. » Castaner a vingt-deux ans, et il ingurgite à toute vitesse les codes et ficelles de son futur métier. « On apprend à faire de la politique, tout simplement. Il y a l'école de l'ENA et il y a l'école du militantisme », synthétise Manuel Valls. Son cadet en retire aussi une plasticité idéologique. Clergeau le rappelle, « l'ADN de la deuxième gauche » se caractérise par un « pragmatisme fondé sur une analyse ». Autant dire que l'on peut y faire entrer un certain nombre de propositions, positionnement qui n'est pas sans rappeler le macronisme de 2017. Clergeau poursuit et, ce faisant, confirme : « Les clubs Forum étaient très ouverts. Il n'y avait pas de tri, de pureté idéologique. Christophe était déjà extrêmement à l'aise avec cette dimension-là. À savoir qu'on n'était pas là pour couper les cheveux en quatre, mais pour développer un mouvement puissant. »

Des liens d'amitié se nouent, plus ou moins intenses. « Il faut comprendre que, dans les années Forum, on a entre vingt et vingt-cinq ans, on respire politique, on dort politique, on mange politique, on vit politique, décrypte Olivier Faure. On découvre l'âge adulte à travers la politique. » Déjà en couple avec Hélène, plus proche de Couet, Blouvac et Clergeau, Castaner ne participe pas aux colocations des Faure,

Hamon *and Co.*, débarqués à Paris après leurs études. Plus solitaire, déjà, il ne passe qu'à l'occasion. Professionnellement, il tâtonne. « On faisait une pause en se disant : Qu'est-ce qu'on va faire ? », se souvient son épouse. Pour lui, d'abord un stage de fin d'études au groupe SARI du promoteur immobilier Christian Pellerin, où Alain Bauer, qui en est l'un des conseillers, l'a pistonné. Castaner quitte l'entreprise, alors en proie à des déboires judiciaires, pour entrer au service juridique de la BNP, où Hélène travaille dans une autre branche. Les dossiers « succession » et « litige carte bleue » l'accablent d'ennui. En dix mois, son opinion est faite. « J'ai fait le tour. » La politique le tenaille.

Dans son bureau du ministère des Affaires sociales, Jean-Louis Bianco épluche une note qu'un ancien collaborateur lui a fait passer, assortie d'un petit mot de recommandation. L'année 1991 touche à sa fin. L'auteur y livre une analyse sociale du département des Alpes-de-Haute-Provence, revient sur son histoire à gauche, de la lutte contre le coup d'État de Louis-Napoléon Bonaparte, qui a forgé l'identité républicaine du département, à la Résistance socialiste et communiste. L'ex-secrétaire général de François Mitterrand lorgne alors les élections cantonales de mars 1992 à Forcalquier, où il cherche à s'implanter, y possédant une maison. Son intérêt piqué, il convoque le rédacteur de ces lignes, Christophe Castaner. Après avoir jugé sur pièce, Bianco, mitterrandiste, mais rocardo-compatible – une rareté – en fait son directeur de campagne.

Christophe Castaner se jette à corps perdu dans la bataille, mais l'expérience tourne court. « Je fais une mauvaise campagne, car c'est ma première », concède Bianco. Le parisianisme de ses conseillers ministériels, demandant comment se vêtir pour mieux se fondre parmi la population locale ou à visiter toutes les chambres du seul hôtel correct de Forcalquier avant de tourner les talons vers Manosque, n'a pas aidé. La défaite est aussi rude à encaisser que la victoire eût pu être fructueuse. Ce n'était rien qu'une petite cantonale, mais le nom du mitterrandiste circulait pour devenir Premier ministre en cas d'atterrissage réussi. L'aventure se solde sur un crash, Pierre Bérégovoy pousse les grilles de Matignon. Le directeur de campagne est à ramasser à la petite cuillère. « Christophe était assez effondré », témoigne Bianco, dont l'épouse tente de rassurer le jeune novice : « Tu sais, Jean-Louis et toi, vous en verrez d'autres. » De fait, le cacique socialiste rebondit sans tarder. Son cadet s'en souvient encore : « Il bascule de l'autre côté du département, se présente aux cantonales de 1994 parce que le sénateur lui laisse son canton, devient maire de Digne, président du département. OK, il a pris une claque. Mais il remonte à cheval. Ça aussi, c'est un truc que j'ai appris. » La leçon, bien retenue, comporte la règle d'or de toute carrière politique : lorsqu'une porte se ferme, il s'agit d'en trouver une autre à ouvrir. Et cette vérité de La Palisse : on n'est jamais mort en politique.

Le cortège ministériel serpente sur les hauteurs de Manosque, quand il s'arrête à mi-pente, devant un pavillon dont les habitants se tiennent en bordure de haie. D'un véhicule, le deuxième, s'extrait Catherine Trautmann, brushing toujours impeccable. Venue visiter la maison de Giono et admirer la cité depuis le belvédère, la ministre de la Culture et de la Communication s'avance à la rencontre des spectateurs de cet inhabituel ballet. Assis dans une berline stoppée un peu plus haut, Christophe Castaner a à peine le temps de parcourir les cinquante mètres qui le séparent de la maison familiale que la discussion est déjà entamée. « Mes parents étaient des gens simples. Ils attendaient que le cortège passe, et là ils voient la ministre, le préfet en uniforme, le député-maire de Manosque, tout le monde qui sort pour les saluer. C'était un choc. Et évidemment une immense fierté », se souvient-il. Il n'est alors que conseiller ministériel, rien de grandiose, mais après, soupire son frère Marc vingt ans plus tard, « il aurait fallu que j'aie le prix Nobel de médecine pour égaler mon frère dans l'estime de mes parents ».

En ce début d'été 1998, Christophe Castaner vient d'être nommé chef de cabinet de Trautmann. Une jolie marche pour le trentenaire qui navigue toutes voiles dehors dans les réseaux rocardiens. D'abord de premières armes à Avignon entre 1993 et 1995, comme adjoint du directeur général des services Simon Sutour, devenu sénateur du Gard. « Il découvre comment gérer une collectivité locale, et c'est à mon sens ce qui le passionne le plus », observe son vieux copain Christophe Clergeau, soulignant son côté « systématique, très organisé, qui ne laisse rien au hasard », à rebours de l'image « frivole, un peu impressionniste » qui lui colle à la peau. Une nouvelle défaite encaissée, coups tordus et condamnation en prime, aux municipales à Avignon, et le voilà de nouveau dans le TGV direction Paris. Les réseaux rocardiens fonctionnent toujours à plein. Christophe Castaner devient chef de cabinet du maire du 10e arrondissement Tony Dreyfus, lui aussi estampillé Rocard, lunettes en demi-cercle sur le bout du nez, auréolé du statut de « protecteur des jeunes », « un peu gourou », *dixit* Alain Bauer. Bond en avant vers la rue de Valois, auprès de Trautmann, donc. Entre la protestante alsacienne et le Provençal jovial, l'alliance de l'eau et du feu fonctionne si bien que la ministre le recase, grand classique des remaniements, le jour où elle est débarquée. « C'est Trautmann qui a dû m'appeler en me disant : voilà, il y a Castaner qui est sur le carreau, se souvient Michel Sapin, alors ministre de la Fonction publique et lui aussi disciple de Rocard. Je n'ai pas du tout regretté, c'était un bon chef de cabinet. Il était déjà très, très impliqué dans la conquête de Forcalquier. Il était chef de cabinet à mi-temps. Mais avec mon accord. Heureusement, il avait un adjoint, qui est devenu mon chef de cabinet historique, qui était son second et qui faisait en fait les trois quarts du boulot. »

Ainsi se font alors les carrières politiques. Les ascensions se construisent de case en case, façon jeu de l'oie. Les anciens des clubs Forum, destinés à devenir élus, investissent les cabinets de leurs aînés ministres. Olivier Faure travaille chez Martine Aubry, Christophe Clergeau chez Louis Le Pensec, Emmanuel Couet chez

Trautmann avec Castaner. Ce dernier songe déjà à l'étape d'après. Il connaît ses limites. Ni énarque ni issu du sérail des grandes écoles, que pourrait-il faire après dix ans en cabinet ? « Nos marges de progression dans l'appareil central du pouvoir étaient limitées, on avait un plafond de verre », résume Christophe Clergeau. Seul chemin viable, s'implanter localement. Les élections municipales de 2001 se profilent, Christophe Castaner n'entend pas passer son tour, mais bien atteindre le palier suivant.

2

La blessure des régionales

Il est 20 heures passées depuis bien trop longtemps, le 6 décembre 2015, lorsque le téléphone de Patrick Mennucci se met à sonner. Le nom de François Hollande s'affiche sur l'écran. Le Président veut comprendre. Que diable se passe-t-il chez les socialistes en PACA ? Les premiers résultats sont formels, Christophe Castaner, tête de liste du PS pour ces élections régionales, arrive troisième, à 16,5 %. Dix points le séparent du candidat de la droite Christian Estrosi, vingt-quatre de la représentante du Front national, Marion Maréchal-Le Pen. « Écoute, je ne sais pas..., souffle le député marseillais à son vieil ami. Je ne comprends pas qu'on n'ait pas acté le retrait. » Hollande se fait pressant. « Vas-y. Dis-leur ! » Mennucci enfourche sa moto.

Quand il débarque au Dock des Suds à Marseille, vaste lieu de spectacle gris béton, dont l'espace restaurant a été réservé pour l'occasion, les militants trimballent leur peine, les journalistes leurs questions laissées sans réponse. Christophe Castaner est claquemuré dans une petite pièce en forme de container. Devant la porte fermée, ses colistiers et les éléphants locaux se disputent un canapé, installé sur le passage d'un courant d'air glacial. Ils n'ont été conviés qu'à la dernière minute et sans la manière. « Personne n'est invité à la soirée électorale. On apprend par le bouche-à-oreille qu'on la fait au Dock des Suds », témoigne Christophe Madrolle, candidat dans les Bouches-du-Rhône. Peu avant 21 heures, la première déclaration de leur tête de liste fut un modèle d'ambiguïté. « J'appelle l'ensemble des partenaires à se rassembler ce soir, ici, avec nous, pour que nous puissions prendre ensemble la meilleure décision pour faire en sorte que le Front national ne puisse pas gagner dans cette région. » Une moitié de la presse comprend que Castaner va jeter l'éponge, l'autre le contraire. La candidate du Parti de gauche de Jean-Luc Mélenchon, Sophie Camard, croit, elle, à une main tendue. Si bien qu'elle prend la direction du Dock ! Tensions et confusion atteignent de tels sommets que l'accès à la loge de Castaner est temporairement interdit. Le député Joël Giraud, opposé au retrait, est recalé par les videurs. Son collègue à l'Assemblée, le Marseillais Henri Jibrayel, force le passage. « On dirige la région depuis 1998 et là, on acte qu'il n'y a plus dégun ! » Comprendre : plus personne. Christophe Pierrel, tête de liste dans les Hautes-Alpes, par ailleurs conseiller à l'Élysée, fait et refait ses calculs dans son coin. Il est persuadé qu'une voie de passage, eût-elle la taille d'un trou de souris, existe. À chacun sa martingale, et sa volonté, furieuse, d'emporter la décision. Lorsqu'il franchit enfin le seuil, Patrick Mennucci trouve Christophe Castaner sur une banquette, secoué de toutes parts par des partisans du maintien. Le député attrape Cécile Muschotti par le col. « Mais qu'est-ce que tu es en train de faire, petite ? Maintenant tu fermes ta gueule. Vous arrêtez d'emmerder Casta ! »

À Paris, on n'y comprend toujours rien. Envoyé sur les plateaux télé comme porte-parole du PS, Olivier Faure sonne la rue de Solférino en quête d'une position à tenir. « Qu'est-ce que je fais sur PACA ? On en est où ? Pourquoi ça n'avance pas ? » Autres porte-voix, mêmes interrogations. Les conseillers élyséens appellent Marseille sans discontinuer, pour prendre la température en temps réel. Le Premier ministre, Manuel Valls, aussi, décroche son téléphone. Lui compose le numéro de son ancien camarade des clubs Forum. « Je ne lui dis pas : "Tu te retires ou je te bute." Mais il a fallu le convaincre. Lui et les autres de la liste », se souvient-il. Son lieutenant d'alors, Luc Carvounas, emploie une expression plus imagée encore. « Il a fallu lui tordre le bras. »

La clarification n'intervient qu'à 22 h 30, depuis le siège du PS à Paris. À l'issue d'un bureau national exceptionnel, le secrétaire national Jean-Christophe Cambadélis annonce que « le Parti socialiste décide de faire barrage républicain, en particulier en Nord-Pas-de-Calais-Picardie et Provence-Alpes-Côte d'Azur », appuyant son propos d'une déduction logique : « Pendant cinq ans, les socialistes ne siégeront pas dans ces régions. » Une heure passe. Christophe Castaner enfile sa veste marron, resserre le nœud de sa cravate mouchetée et se présente devant la presse. « Avec beaucoup d'émotion, de peine et de remerciements, je prends mes responsabilités en me retirant. » Son téléphone vibre aussitôt. Christian Estrosi lui doit sa prochaine victoire, il veut lui dire merci. Christophe Castaner ignore les appels successifs du maire de Nice. Les escarmouches de la campagne ont laissé la peau à vif. Renaud Muselier, numéro deux de la liste UMP, avec lequel le socialiste a bien plus d'affinités, s'en mêle. Ce dernier n'a d'autre choix que de décrocher. « Je te passe Christian », balance d'emblée le Marseillais. « Et merde », laisse échapper Castaner, qui abrège la conversation sur le mode « ça va, je n'ai enterré personne ». Convaincu d'avoir concentré ses coups, plus que Marion Maréchal-Le Pen, il est fâché contre Estrosi et le lui dit. À l'heure de regagner son hôtel, il se repasse le film de cette soirée cauchemardesque. Il l'avait bien dit, le matin même, à son amie Florence Cornuet, qui tenait un bureau de vote à Forcalquier : « Je ne le sens pas. »

De cet épisode, il existe autant de versions que d'acteurs. Les années passent, et pourtant. Chacun continue à pousser un avantage rétrospectif. Le tenant du rôle-titre décide, lui, d'en faire une épopée sacrificielle, plaçant, c'est plus vendeur ainsi, la lutte contre le Front national « aux racines » de son engagement. La vérité demeure toutefois nimbée de ces zones d'ombre que le jeu politique se plaît à instiller.

Christophe Castaner l'assure. Lorsqu'il grimpe au premier étage du 58, rue Montgrand, siège de la Fédération du PS à Marseille, à l'avant-veille du premier tour, les dés sont jetés. Ses colistiers, les parlementaires et cadres locaux, l'attendent autour d'une grande table rectangulaire. Suivant son récit, toujours, il leur annonce sa prédiction et par là même sa stratégie. « Nous finirons troisièmes et le PS se retirera dimanche. » Scénario confirmé par son ami, Michel Hourie. « Christophe a annoncé que, dans le cas où le risque du FN était avéré, la liste se retirerait. Et il n'y a pas eu de commentaires. » Cécile Muschotti, élue depuis députée LREM, n'entend pas la même chose. « À cette réunion, si l'on a parlé des différentes portes de sortie, à aucun moment les choses n'ont été claires. Christophe dit : “Mais si, depuis le départ on le savait !” Moi, je n'ai aucun souvenir qu'il ait dit ça. » Christophe Madrolle abonde. « Il n'a pas été aussi direct que ça sur le retrait. » Quant à Pierrel, il retient un tout autre schéma, plus alambiqué : se retirer au profit d'une fusion des listes avec le Parti de gauche de Sophie Camard. « Christophe était d'accord. Il avait acté cela le vendredi », jure-t-il. Lui se souvient de pourparlers apaisés, pas Castaner, qui raconte être allé jusqu'à réclamer des mesures de sécurité à l'issue de la réunion. « J'ai deux types pour surveiller ma voiture, et trois gardes du corps, détaille-t-il. La masse locale voulait tellement le maintien. Je craignais qu'on me casse la gueule. » En jeu, des dizaines de mandats promis à tel ou tel par les potentats locaux. « Des gens, explicite Castaner, qui savaient qu'ils allaient toucher deux mille balles par mois tout au long du mandat, qui étaient des collaborateurs, des enfants ou autres. »

L'ordre du jour de la réunion épuisé, les colistiers se dirigent vers leur cantine, un restaurant moderne où ils ont leurs habitudes, situé juste en face du siège. Pas Christophe Castaner, décidément rétif à la vie de groupe. « Oh ! là, là !, ça va pas être simple », se dit-il pourtant en les voyant partir « tous dans leur coin ». Il aurait dû forcer sa nature. Car la réflexion se poursuit sans lui. « On se dit : "Dans le cas où Castaner se retire, si nous on veut continuer, qui se verrait prendre la responsabilité régionale sur ses épaules ?" On se regardait tous dans le blanc des yeux... Personne n'émergeait », se souvient Muschotti. Qu'il est vain de s'agiter. La décision de se retirer, au cas où le FN menacerait, a été entérinée de longue date. Et en haut lieu. Fin mai 2015, à l'occasion d'une visite à Marseille, le Premier ministre Manuel Valls réunit en préfecture une poignée de caciques de la région pour un dîner politique. Ce soir-là, il prépare les esprits. « Ce n'est jamais très sympa pour un candidat, admet-il. On savait que la campagne serait très dure. Il y avait deux désastres réels : le Nord-Pas-de-Calais et PACA. Ce sont deux endroits où l'électorat populaire a basculé depuis longtemps. Le siège des Bouches-du-Rhône s'effondre. On n'a plus rien. On le sait. Et il y a les sondages... » Langue est prise avec Les Républicains quelques semaines plus tard, quand bien même Castaner, qui n'est pas à une dualité près, tente dans le même temps de négocier un accord avec ses partenaires de gauche. Renaud Muselier, tenant d'une droite plus modérée qu'Estrosi, est chargé des bons offices. Il prend l'initiative du premier appel. À Christophe Castaner, il expose l'équation à deux inconnues, celui qui arrive troisième au soir du premier tour doit lâcher, sinon le FN l'emportera. Suivant son récit, le socialiste lui répond ceci : « Si c'est pour toi, c'est volontiers, si c'est pour Christian, putain… Avec lui, j'ai un problème. Il est trop dur. » Dès lors, Muselier conjure Estrosi de mettre ses ardeurs conservatrices en sourdine. Et, poursuit-il, « aux alentours d'octobre, le deal est scellé ». Suit, manière de l'acter, une interview à *La Provence*. La tête de liste LR dans les Bouches-du-Rhône certifie que son parti se retirera en cas de risque FN. « Mais c'est plus facile pour nous, parce qu'on est devant », convient Renaud Muselier. Le PS, lui, vogue vers la défaite. Le 6 décembre 2015, Christophe Castaner prend une dérouillée, mais gagne un solide allié. « Il a respecté le deal. Et ça, pour moi, c'est très important pour la suite », estime Renaud Muselier. Lorsque ce dernier prend la succession de Christian Estrosi, fin mai 2017, son ami, devenu macroniste, fait le déplacement pour assister à son intronisation. « Vous remarquerez, ajoute l'homme de droite, que je ne l'ai jamais critiqué comme ministre de l'Intérieur… »

C'est une institution de la rue Fortia. Au Malthazar, brasserie chic du centre-ville de Marseille, il fait bon être vu. La table a sa réputation, mais, un jour de juillet 2015, les agapes virent à l'aigre. Les éléphants du Vieux-Port se querellent pour savoir qui mènera la liste dans les Bouches-du-Rhône. Deux camps s'opposent, et c'est tout un poème. Jean-David Ciot, député et patron de la fédération dans le « 13 », s'y voit. D'autres, avec pour seule visée de lui barrer la route et de gagner un homme de main, poussent Christophe Castaner. L'intéressé renâcle, pas dupe. « C'était le repas des faux culs », lâche-t-il à Henri Jibrayel. Surnager dans la tambouille du socialisme marseillais n'est pas chose aisée. Quelques jours plus tard, le 20 juillet, la soprano Patricia Petibon chante les derniers airs de l'acte I d'*Alcina*. Loin de se laisser emporter sur l'île enchantée contée par Haendel, Christophe Castaner consulte frénétiquement son téléphone. Tandis qu'il s'affiche au côté du Premier ministre, Manuel Valls, au festival d'Aix, le bureau national du PS investit Jean-David Ciot, malgré la perspective d'un jugement en appel dans une affaire de détournement et recel de fonds publics. La rage de Castaner égale celle que la maléfique magicienne exprime sur scène, les pouvoirs en moins. Ciot a été relaxé en première instance, mais Castaner ne veut pas faire campagne avec une épée de Damoclès au-dessus de la tête. Il s'était démené, auprès du premier secrétaire Jean-Christophe Cambadélis et du responsable des élections Christophe Borgel, pour l'éviter. Ils l'ont superbement ignoré. « Ils se disent que Castaner est mort, qu'il ne gagnera pas, mais que Ciot restera patron du PS dans les Bouches-du-Rhône », ressasse-t-il à la troisième personne. Il s'en ouvre à

Valls et, à l'entracte, expédie un ultimatum à Cambadélis. « Je vous laisse trois jours pour trouver la nouvelle tête de liste en PACA. Sinon, j'annoncerai que je me retire. » Un compromis est trouvé des semaines plus tard. Il porte le nom de l'atypique patron de l'UDE, Christophe Madrolle.

La marche est haute pour Christophe Castaner. Certes, il est vice-président de région, député, mais avec ses cent soixante mille habitants, son département rural pèse comme deux ou trois arrondissements de la cité phocéenne. « Tout le monde se foutait un peu de sa gueule en disant : c'est qui, ce bouseux, qui sort de Forcalquier », témoigne Cécile Muschotti. Des jeux, codes et coutumes du complexe appareil socialiste des Bouches-du-Rhône, longtemps contrôlé par le sulfureux président du Conseil général Jean-Noël Guérini, il ne maîtrise rien. « Il est probable que quelques socialistes marseillais ne le voyaient pas arriver d'un bon œil et voyaient en lui un concurrent », euphémise d'une voix traînante l'emblématique maire Les Républicains de Marseille, Jean-Claude Gaudin. À l'époque attachée de presse de Castaner, passée depuis chez Jean-Luc Mélenchon, Muriel Rozenfeld se souvient d'une « bataille de tous les instants » pour mobiliser les barons locaux, éviter leurs « petites mesquineries ». « On était notre propre ennemi », assène-t-elle. Ainsi, lors de la première conférence de presse au siège de campagne, installé entre les murs de la Fédération. Un chevalet porte-nom est bien prévu pour Jean-David Ciot, mais pas, malheureux « oubli », pour Christophe

Castaner. La campagne est à l'avenant. « Je l'ai trouvé très seul », soupire Muriel Rozenfeld. Le cheminement de Castaner est un calvaire. De temps à autre, il partage son expérience avec son vieux copain Christophe Clergeau, tête de liste en région Pays de la Loire. « Il me disait qu'on ne vivait pas dans le même monde. Les différences majeures, c'étaient la pression du FN, le racisme quotidien qui mine cette région et la conflictualité, la perte du sens commun au PS. Chez moi, c'était le pays des Bisounours. » Un proche le souffle, sur le ton de la confidence : Castaner aurait même reçu la visite de porteurs d'enveloppes bourrées de cash, bienfaiteurs intéressés prompts à arroser tous les camps. « Il y en a qui disent qu'ils peuvent m'aider, oui », acquiesce l'intéressé, sibyllin.

Les invitations des médias, aussi, viennent lui rappeler que, dans la fable, il serait grenouille. Christophe Madrolle se souvient d'une bouderie pour une simple intervention sur BFM TV. « Pourquoi ils te prennent, toi ? C'est moi, la tête de liste régionale ! » Plus écrasants que son inconnu de colistier, les deux mastodontes, Christian Estrosi et Marion Maréchal-Le Pen, monopolisent les projecteurs. « Il en a souffert pendant toute la campagne », poursuit Madrolle. Et puis, il y a ces salles de meeting à moitié vides, que les fédé n'aident pas à combler. À Arles, pourtant bastion de son ancien patron Michel Vauzelle. Ou au Dock des Suds avant le premier tour. « Moralement, c'était difficile. On était au fond de la salle avec toutes les têtes de liste et les premiers fédéraux, il a fallu remonter des chaises vides.

Je souffrais pour lui », raconte Muriel Rozenfeld. Les attentats du 13 novembre, qu'il apprend à la radio en revenant d'un meeting dans le Haut-Var, douchent les derniers espoirs. « Derrière, on ne parlait plus que de ça ; les discours sécuritaires forcément passaient mieux », achève son ex-attachée de presse.

Que fait-il dans ce guêpier ? Cette campagne, il s'y est jeté avec l'espoir d'y gagner quelques galons et points d'audimat. Du moins faire un plus, jusque dans la déroute. « Je suis devenu quelqu'un par mon retrait, ce qui est un paradoxe », se vante-t-il aujourd'hui. « Opportunisme et courage » s'entremêlent, aux yeux d'un pilier de la Macronie : « Il s'est dit : je ne perdrai pas plus que les autres, mais l'histoire retiendra que c'est moi qui suis allé au feu. Il avait une épée dans le dos, il en a fait un acte d'héroïsme. »

Dans les allées du marché de Forcalquier, Christophe Castaner se contient et se contraint à montrer bonne figure à son public. Au lendemain de ce premier tour meurtrier, il veut montrer qu'il bouge encore. Alors, comme il le fait chaque lundi, il serre des mains, échange avec commerçants et administrés sur la place du Bourguet. Comme il est difficile de ne rien dévoiler de cette amertume coincée en travers de sa gorge. Christophe Castaner maugrée contre ce « con de Camba » qui n'a pas pris la peine de l'appeler avant d'annoncer, depuis Paris, l'effacement du PS dans sa région. « Franchement, un peu de dignité ne nuit pas », lui a-t-il envoyé, de rage, au cœur de la nuit. Il peste aussi contre le Président, qui a esquivé tous ses messages durant le week-end. « Du grand François Hollande », grince-t-il en relisant les maigres mots reçus juste après son discours de retrait : « Formidable déclaration, bravo, on se voit vite. » C'est qu'il vole trop bas pour que le chef de l'État se penche sur son cas. Que l'on demande à son vieil ami, Michel Sapin, quel regard le Président porte alors sur l'élu de Provence, et il répond ceci : « Je ne sais pas s'il en percevait quelque chose. Comme député, c'est peut-être son problème, il n'a pas été remarqué. Je ne l'ai jamais entendu m'en parler. » L'indifférence peut être lapidaire. Est-ce le souvenir des années clubs Forum, ou le minimum dû à un député loyal, vital à l'heure d'affronter une armada de frondeurs à l'Assemblée ? Le Premier ministre, Manuel Valls, glisse quelques mots de réconfort au candidat malheureux. Le baume demeure sans effet. Les plaies sont béantes, l'attente démesurée… Castaner est meurtri dans sa chair, il se sent maltraité, déconsidéré. « Mais c'est très rare de faire ça en politique, rappelle Sapin. Une fois que c'est passé, on a d'autres choses à voir. Tu as perdu, tu as perdu. Quand on a ce type de blessures, les marques d'attention ne seront jamais à la hauteur de ce que l'on attend. »

Le quinquennat reprend son cours, et nul ne songe à le « traiter ». Si contrepartie lui a été promise, un secrétariat d'État, dit-on, elle ne vient pas. Le candidat sort de la campagne délesté de son attachement au parti et de quelques dizaines de milliers d'euros, après en avoir emprunté 560 000 en son nom propre. Une histoire de dons jamais rétrocédés, dénonce-t-il. Une partie de ses colistiers, furieux de l'issue, lui tournent le dos. Il est urgent de prendre l'air quelques jours. Direction Barcelone. Christophe Castaner s'interroge. Tout arrêter ? « Il y a réfléchi, assure son épouse Hélène. Parce que vous vous posez plein de questions. C'est compliqué à chaque élection de se remettre en cause… Puis la vie politique a vite repris le dessus. » Plus isolé que jamais, il se retranche à Forcalquier, déserte le Palais-Bourbon. « La défaite est une douleur qui ne s'estompe pas facilement, décrypte Olivier Faure. Cette blessure-là, personne ne l'a évaluée chez lui. Personne n'a passé de coup de fil, personne n'a cherché à savoir où il en était… C'était une faute du point de vue de l'amitié, j'aurais dû me rendre compte qu'il allait mal et être présent à un moment où il doutait de lui-même. » Un ministre se démarque alors. Emmanuel Macron, qui a pris soin d'accorder à l'avant-veille du premier tour une longue interview de soutien à *La Provence*, l'appelle plusieurs fois le dimanche 6 décembre au soir. Sans réponse, il passe au SMS. « Tu me dis juste si tu vas bien oui ou merde, mais tu me réponds. » La formulation est rugueuse, mais l'attention a le goût du miel pour un Castaner en mal d'amour.

3

La politique de la chaise vide

Olivier Faure s'est somme toute décidé à organiser un dîner chez lui. Ses vieux amis des clubs Forum le tannent depuis des lustres. Il a fallu le relancer maintes fois. « T'es gentil, on se connaît depuis des siècles, et tu ne nous as jamais invités à bouffer », lui répète sans cesse Christophe Castaner. L'invitation est enfin lancée au mois de mai 2016. C'est qu'il serait peut-être temps, pour ces anciens jeunes rocardiens, de discuter. Les manifestations contre la loi Travail provoquent du grabuge, les fractures internes, béantes, du parti s'exhibent au grand jour. On se demande si le président François Hollande tentera à nouveau sa chance en 2017, s'il est pertinent d'organiser une primaire. Et voilà que le jeune ministre de l'Économie, Emmanuel Macron, lance son propre parti. Alors, ce soir-là, le député du Maine-et-Loire, Luc Belot, et Christophe Clergeau débarquent sans se faire prier. Christophe Castaner, lui, se fait désirer. En l'attendant, chacun prend position. Faure est plutôt favorable à une nouvelle candidature de Hollande ; Belot en est un ardent défenseur ; Clergeau, un agent détracteur. La discussion s'anime quand, sur les coups de 22 heures, le téléphone sonne. « Désolé, les gars, je ne vais pas pouvoir passer, le débat se prolonge à l'Assemblée... », s'excuse Castaner, à l'autre bout du fil. Il avouera son infidélité plus tard. Sa soirée, il la passe en réalité en compagnie d'Emmanuel Macron. « En fait, il était déjà parti dans autre chose », souffle Clergeau. Un modèle de rendez-vous manqué.

Jusqu'ici, l'élu de Forcalquier remplissait plutôt bien son rôle de bon soldat. Christophe Castaner est élu député en 2012, par la même vague socialiste qu'Olivier Faure. Ce fidèle de Jean-Marc Ayrault, lui-même propulsé à Matignon, a eu cinq ans pour percer les arcanes du Palais-Bourbon, comme secrétaire général du groupe PS. La géographie des bureaux obéissant à celle des bandes, Castaner, Belot, mais aussi Marie-Françoise Clergeau, mère de Christophe, prennent des bureaux voisins du sien. Une aventure collective se profile. Christophe Castaner y plonge avec délice, devenant un invité assidu des dîners à Matignon. Mais Ayrault n'a pas l'âme d'un animateur. « Jean-Marc, ce n'était ni Rocard, ni Poperen, ni Chevènement. Il n'avait pas la volonté de fonder une sensibilité », commente Faure, qui lui-même n'endosse pas le costume de chef de file. « Le vrai problème de la vie politique, c'est qu'on manque de temps pour tout », se défausse celui qui finira par devenir patron du PS en mars 2018. Castaner, lui, guette des signaux, des initiatives. Mais rien ne vient. Il en conserve une certaine acrimonie : « Olivier, c'est un solitaire. On lui dit : "Olivier, tu passes à l'acte." Eh non. Parce qu'il faut une paire de couilles... Il ne franchit pas le Rubicon. Et notre collectif ne vit pas, alors qu'au fond je me mets à son service, avec Christophe Clergeau. Il ne l'utilise pas. Puis, au moment des régionales, pendant et après, il est totalement absent. Pas un message, rien. » L'homme, qui, ironie du reproche formulé, n'est lui-même pas de ceux qui entretiennent un cercle, a la rancune tenace.

Quand Manuel Valls s'installe à Matignon, Castaner n'a toutefois pas renoncé à faire son trou, loyauté en bandoulière. « Je suis content de le retrouver. C'est un député solide, se souvient l'ex-Premier ministre. C'est un garçon qui n'est pas flamboyant, qui a les pieds dans la glaise, en région, et sur qui on peut compter. Au fond, c'est ce qu'il est encore. » Inclination conforme au périmètre de son portefeuille à la région PACA, Castaner est plutôt versé dans les dossiers économiques, l'emploi notamment. Le ministre du Travail d'alors, Michel Sapin, se souvient d'avoir pu s'appuyer sur lui face aux députés frondeurs. « Il ne rentre pas beaucoup dans les textes, raconte-t-il. Mais il sent politiquement les choses, il comprend vite quel est l'argument gouvernemental, et donc de quelle manière le soutenir sans pour autant répéter mot à mot. C'est un député utile, un bon combattant, et il y en avait besoin à l'époque. » Fidélité récompensée par la vice-présidence d'un organisme, le Conseil d'orientation de la participation, de l'intéressement, de l'épargne salariale et de l'actionnariat salarié. Nomination parfaitement anodine, si elle n'avait pas, quelques mois plus tard, attiré vers lui le regard de Richard Ferrand, alors rapporteur général de la loi Macron en quête de députés pour travailler sur le texte.

Emmanuel Macron n'a pas son pareil pour détecter les failles et fissures dans la cartographie socialiste. Il sent les fragilités des uns, les frustrations des autres, égarés, relégués et déçus. Ceux-là identifiés, l'entreprise de séduction peut débuter. Avec Christophe Castaner, cela commence un jour de 2013 où le député frappe à la porte du secrétaire général adjoint de l'Élysée pour aider la plus grosse entreprise de son département. Le dossier L'Occitane vite évacué, les deux hommes parlent « popol », soit, traduction du jargon, de ces petits jeux d'alliances, ébauches de conspirations et autres ambitions électorales qui pimentent la vie politique. Macron, qui s'intéresse tout particulièrement au petit groupe de députés qui gravitent autour d'Ayrault, fait du Macron. Castaner ressort conquis. Nommé ministre de l'Économie en août 2014, il se rappelle au bon souvenir du député des Alpes-de-Haute-Provence, relais tout trouvé, pour défendre la loi qui porte son nom. Castaner a déjà fort à faire avec sa campagne pour les régionales, mais il est choisi, comme d'autres futurs piliers de la Macronie ralliés en cette occasion, et désigné corapporteur du texte. Certes, ses collègues, agrégés par les bons soins du ministre, lui trouvent un côté « un peu roule ta caisse », ne le voient pas « se passionner outrancièrement pour le sujet », au-delà de « son rapport et de ses articles ». Mais il pourra dire qu'il en était. « Comme c'est quelqu'un d'honnête intellectuellement, il est assez vite déstabilisé par notre approche, puisqu'on faisait une loi sur les incohérences doctrinales et dogmatiques, y compris du PS, observe l'ancien conseiller spécial d'Emmanuel Macron, Ismaël Emelien. Par exemple, le travail le dimanche, c'est pas un truc qui *a priori* lui plaisait beaucoup. Mais il n'est pas tombé dans le camp de ces responsables socialistes qui se sont retrouvés à défendre les notaires contre notre loi. Christophe est prêt à prendre des risques, affronter une partie de son groupe, et, une fois qu'il est convaincu de quelque chose, il s'y tient. » En retour, Emmanuel Macron met tout son poids pour le soutenir lorsque ses régionales tournent au vinaigre. « Il fallait faire gagner Casta, c'était la ligne du ministre de l'Économie, rappelle son conseiller parlementaire de l'époque, Stéphane Séjourné. Il correspondait à la niche des parlementaires socialistes qui nous intéressaient, c'est-à-dire l'aile droite du PS, proche de la social-démocratie à l'allemande, sans affiliation forte à un courant, assez autonome. Au PS, on avait du mal à lui trouver des amis, il n'était pas dans un clan politique. » Lorsqu'il essuie sa cuisante défaite aux régionales, Emmanuel Macron ne commet pas l'erreur de ses aînés. Lui est là pour panser les plaies du candidat malheureux. « Il a vu l'opportunité de tisser des relations avec Christophe Castaner parce qu'il était en difficulté politique au sein du PS. Et lui, il avait besoin de relais », décrypte un proche du Président. Le 6 avril 2016, à douze mois du premier tour de la présidentielle 2017, le ministre lance En Marche ! à Amiens. L'apprenant, Christophe Castaner, qui, en animal blessé, se terre à Forcalquier mais n'a pas tout perdu de ses réflexes politiques, se fend d'un SMS. « C'est bien, ton truc, mais tu fais ça avec qui ? » Réponse du futur candidat : « Toi. » Le député mord à l'hameçon. « C'est bien, mais ça ne va pas suffire. » Lorsqu'il le raconte, Castaner sourit d'aise. On devine qu'il est flatté. Son épouse Hélène le laisse se jeter à l'eau, sur le mode « vas-y, tente ta chance, et si ça ne marche pas, on partira sur autre chose ». Plus de trois ans ont passé, lorsqu'elle revient sur cet épisode. « Christophe a toujours eu ce côté pragmatique : avec Macron il avait l'impression de pouvoir avancer, de pouvoir faire des réformes, il voyait que Macron n'avait pas peur, observe-t-elle. C'est donc très vite arrivé comme une évidence. » À la veille du 14 juillet 2016, Castaner prend place dans les gradins de La Mutualité, dans le 5e arrondissement parisien, pour assister au meeting fondateur de la geste macronienne. L'organiser, comme y assister, est alors une transgression, une provocation vis-à-vis du gouvernement, de l'appareil socialiste. Le député attend encore six mois pour rendre sa carte, prise avant même de devenir adulte. Tandis que Benoît Hamon sort de la primaire candidat à l'élection présidentielle, lui prend la plume pour annoncer à Jean-Christophe Cambadélis qu'il largue définitivement les amarres avec le PS. « Pour Christophe, se débarrasser du Parti socialiste, ce n'était pas un sujet, témoigne Clergeau. S'il avait encore un attachement par une forme de fidélité, les derniers oripeaux ont été balayés par les pratiques en PACA pendant les régionales. »

Le 5 avril 2019, le ministre de l'Intérieur Christophe Castaner tient à Beauvau une conférence de presse après avoir reçu ses homologues du G7. « Les ONG jouent un rôle essentiel pour apporter une aide aux migrants, cela ne fait aucun doute, observe-t-il. Toutefois, en Méditerranée centrale, on a observé de façon tout à fait documentée une réelle collusion à certains moments entre les trafiquants de migrants et certaines ONG. [...] Les ONG ont dans ces cas-là pu se faire complices des passeurs. » Devant leurs écrans, ses anciens camarades socialistes s'étouffent. L'Italien Matteo Salvini, le ministre de l'Intérieur d'extrême droite, ne dit-il pas la même chose ? « La honte ! », s'exclame dans la foulée Olivier Faure à la radio. Des mois plus tard, dans son bureau d'Ivry-sur-Seine, le premier secrétaire du PS ne décolère pas. « Comment peut-on à ce point dire n'importe quoi ? Se renier à ce point-là. Tout ça pour servir le dessein macronien. Cela m'a paru dingue. Il est à rebours de tout ce qu'il a pu défendre... Je me dis : où est-ce qu'il est parti ? »

Que reste-t-il de ses amours rocardiennes ? « À part le vote de la procréation médicalement assistée pour toutes, je ne vois pas », tranche Faure. Plus indulgent, plus nuancé, encore tenu par l'amitié, Christophe Clergeau y discerne plutôt une forme d'usure des principes politiques. « Pas par changement de ses convictions profondes, dit-il, mais parce qu'il faisait le constat de leur inanité. Avec ce qu'il a éprouvé comme maire, à la région, comme député, dans la confrontation avec l'exercice du pouvoir, il a fini par considérer qu'il y avait beaucoup de mensonges et d'artifices. Il s'est dit : "J'ai des valeurs, envie de transformer le pays et de lui être utile, comment le faire de la meilleure façon possible ?" Il avait envie de faire, d'exercer le pouvoir, d'être dans l'action. Il fait partie de ceux qui arrivent au pouvoir lessivés intellectuellement et idéologiquement. Il a une histoire, des convictions personnelles, mais il arrive au bout d'un truc, sans grille de lecture de rechange. » Clergeau a aussi été témoin des doutes de son comparse. Comme en 2017, où il vit « un été de souffrances », en voyant que le gouvernement taille à la serpe dans les contrats aidés ou les APL. « Ses points de désaccord étaient nombreux, et il était dans une position où il devait défendre tout ça en tant que porte-parole », avance le Nantais. Ses doutes, il les gardera donc pour les comités restreints. « Un ministre, ça ferme sa gueule ou ça démissionne », disait Jean-Pierre Chevènement. Christophe Castaner aime être ministre. Il en rêvait. Pour autant, il trouve « douloureux de lire certaines des attaques brutales » de ses anciens amis, Olivier Faure au premier chef. « Mais j'ai considéré qu'il y avait un temps où nous suspendions notre relation personnelle. Je souhaite qu'un jour nous nous retrouvions », confie-t-il. Rares sont les liens qu'il a noués au PS. Députés et ministres de ce monde engloutis avouent pour la plupart ne pas l'avoir connu, pas même de réputation pour certains. De ce temps, il conserve moins de solides amitiés que l'on compte de doigts sur une main. Il prend le parti de le revendiquer. « Moi, dans mes faiblesses politiques, j'ai ça. Je ne suis pas un chef de clan, je ne cherche pas à organiser un système », lance-t-il, s'offrant là un morceau de bravoure. Par l'attachement à la « liberté » de celui qui construit son ascension en solo. Par nécessité, aussi.

IV

UN PIED DANS LA PORTE

1

Si à cinquante ans…

Un baiser sous le gui et l'on trinque, avant d'esquisser quelques pas d'une valse hésitante ou d'un rock endiablé. Comme chaque année, la soirée est aussi aux bonnes résolutions. À l'heure pour 2006 de tirer sa révérence, les Castaner et deux couples d'amis ont loué une grande maison dans le Gers, avec la ferme intention d'honorer la tradition. L'occasion vaut bien un petit plaisir, un repas gastronomique, arrosé comme il se doit, sous les hautes voûtes gothiques de La Table des cordeliers à Condom. De retour pour relever les baby-sitters, la petite bande déniche une bouteille d'armagnac planquée par le propriétaire. À peine remontée de la cave, l'assemblée chambre gentiment Christophe Castaner sur son avenir. 2007 ouvre de belles perspectives. Et si l'élection présidentielle offrait, par l'entremise de Ségolène Royal, l'alternance tant attendue par la gauche ? Et si, rêverie de fin soirée, une vague législative permettait à Christophe Castaner de décrocher son premier mandat de député ? Mi-déconneur, mi-sérieux, l'élu local, alors strictement inconnu par-delà sa région, se laisse aller à une bravade, que seuls de vieux amis peuvent entendre : « Si à cinquante ans je ne suis pas ministre ou président de région, j'arrête la politique. » Christophe Castaner a quarante ans. Il lui en reste dix.

Le maire de Forcalquier, cité provençale qu'il s'emploie à transformer, pense avoir les moyens de ses ambitions. N'a-t-il pas tissé sa toile au conseil régional de PACA, où le président Michel Vauzelle lui a confié une délégation importante, l'aménagement du territoire, trois ans plus tôt ? L'Arlésien, ancien porte-parole de l'Élysée et éphémère ministre de la Justice de François Mitterrand, a d'abord le béguin pour Castaner, ce techno parisien, *aficionado* comme lui de corrida, « qui a eu le courage de revenir pour être maire d'une petite ville ». Il n'est ni niçois ni marseillais, ce qui n'est pas sans présenter des avantages, notamment celui d'être hors du jeu d'influences régional. Le jeune ambitieux sait, en outre, se rendre utile en toutes circonstances. Comme lorsque Michel Vauzelle se pique de trouver sa roche de Solutré personnelle. Son cadet met en musique son ascension de la montagne de Lure, qui domine Forcalquier. Loin de la réputation de dilettante, qui traîne dans son sillage, il fait figure, au sein de l'équipe, de « bourreau de travail », selon les mots du sénateur des Alpes-de-Haute-Provence, Jean-Yves Roux. « Il a énormément développé sa capacité de travail au fur et à mesure des années, insiste son épouse, Hélène. Quand je vois dans la presse des articles qui le décrivent comme un maillon faible, un incompétent, et que moi, je vois la masse de travail qu'il fournit au quotidien, je trouve ça d'une injustice incroyable. » Le directeur général de la région, Jules Nyssen, demi-frère de l'ex-ministre de la Culture Françoise Nyssen, devenu depuis un ami, le regarde plonger dans la technique des fonds européens. « Il était enthousiaste, il n'avait pas peur de l'innovation », loue-t-il. Les petits maires applaudissent son « Fonds de solidarité locale ». « Ça a fait un bien fou dans le milieu rural. Ça a financé des boulangeries, des garages communaux », félicite l'un de ses proches, Khaled Benferhat, maire de Saint-Étienne-les-Orgues, voisin de Forcalquier. Après la réélection de 2010, à laquelle il a apporté son écot, son portefeuille grossit encore. L'emploi, l'économie, l'enseignement supérieur et l'innovation complètent sa délégation. Une bénédiction pour sa commune et son département qui en profitent, de l'implantation d'un lycée international à Manosque à l'amélioration de la desserte en bus et en train. Renaud Muselier, actuel président LR de PACA, l'affirme, crûment : « C'est la technique de l'ancien président PS, Michel Vauzelle. Il n'y a pas d'équité territoriale. La région est organisée comme un tiroir-caisse. Celui qui a accès au tiroir-caisse, il prend les sous. Chacun en fonction de sa zone d'influence sert son territoire. » Le patron de L'Occitane, Olivier Baussan, se félicite, lui, de l'aubaine : « Christophe a œuvré sur les plans de relance agricole pour l'amande, pour le devenir de notre lavande qui est en danger. Quand on lui écrivait, il était là et pouvait agiter du monde à Paris. »

L'appréciation que porte Michel Vauzelle sur cet activisme est à double tranchant. D'un côté, il se dit

« bien content » : « Tandis que j'allais serrer les mains, il fallait bien que certains gouvernent la région. » De l'autre, le baron développe une forme de suspicion, guettant la tentative de putsch. « Christophe avait un rythme d'impulsion fort. Et Vauzelle devait penser qu'il en faisait même un peu trop », glisse l'ami Christophe Clergeau. Aussi prendra-t-il soin de ne jamais lui donner le titre de « premier vice-président ». Son espace politique est à l'image du placement protocolaire dans les manifestations organisées par la région, cadré.

Quand un mitterrandiste historique vous invite à déjeuner chez Lipp, mieux vaut se préparer à ce que la discussion soit copieuse. C'est du moins ce que se dit Christophe Castaner, lorsqu'il pousse, à la fin du mois de juin 2012, la porte à double battant de l'emblématique brasserie du boulevard Saint-Germain. Quarante années durant, François Mitterrand y a eu son rond de serviette. Michel Vauzelle, dont le faux air de Niels Arestrup s'efface sous le vrai mimétisme entretenu avec les manières de l'ancien président, veut discuter d'un choix aussi important qu'imminent. Désormais député, son cadet ne peut garder qu'un seul mandat exécutif local, et doit par conséquent abandonner la vice-présidence de la région ou bien la mairie de Forcalquier. C'est la loi. Et l'occasion de penser à l'avenir. Christophe Castaner se propose d'occuper un poste éminemment politique, la présidence du groupe PS à la région, afin de « construire la suite ». Sous-entendu briguer la tête de la région en temps voulu. À qui lui rend visite à Arles,

Michel Vauzelle glisse qu'il n'en reste pas là. « Il avait envie d'être président de région, puisqu'il m'a demandé s'il pouvait prendre ma place. Je lui ai dit : "Ne comptez pas sur moi pour que je démissionne afin de vous laisser la place avant la fin de mon mandat." Il avait peut-être en tête une combine : que je démissionne et qu'il soit élu, profitant que l'on ait encore la majorité tant que j'étais président. » Vauzelle martèle le message à son cadet, entre le plat et le dessert. « Moi, de toute façon, je vous vois tout à fait comme mon successeur, je vous soutiendrai dans votre campagne, le moment venu. Mais je remplirai mon mandat jusqu'au bout parce que mon mandat m'a été donné par le peuple. »

À l'entendre, c'est un quasi-coup d'État qui se trame. Castaner réfute, sans grande conviction. De l'avis général, si tentative il y eut, elle était vouée à l'échec. « Je n'ai jamais senti chez Michel Vauzelle une volonté de quitter sa place avant l'échéance. Et j'ai toujours vu des élus qui ont conquis un mandat l'exercer jusqu'au bout », observe Jean-Claude Gaudin en connaissance de cause, puisque lui-même resta vissé à son fauteuil de maire de Marseille vingt-cinq années de rang, écartant avec un soin méticuleux chacun de ses dauphins. Vauzelle est de ces grands élus qui répugnent à préparer leur succession. L'adage est vieux comme un long règne : après moi le déluge. « Vauzelle est un animal à sang froid », dépeint Jules Nyssen. Durant trois mandats, le baron veille à déléguer l'opérationnel, mais pas son pouvoir. Le boulevard se refermant, ne reste plus à Christophe Castaner qu'à emprunter la contre-allée.

Vauzelle attend le dernier moment pour annoncer qu'il ne se représente pas. Les ténors, Jean-Louis Bianco ou Élisabeth Guigou, reculent devant l'obstacle d'une campagne annoncée éreintante, et surtout perdante. L'aventure n'aiguisant d'autre appétit que le sien, Christophe Castaner décroche l'investiture PS pour les régionales de décembre 2015 en PACA. Mais il ne sera pas, à cinquante ans, président de région.

L'horloge tourne, et la cinquantaine approche dangereusement... Les remaniements se succèdent, sans que le téléphone ne sonne. « Tout le temps où il était député, il estimait qu'il avait toutes les capacités pour être ministre. Et cela ne lui a jamais été proposé », commente Christophe Pierrel, son ancien colistier des régionales et conseiller de François Hollande à l'Élysée. En février 2016, Castaner a franchi le cap du demi-siècle lorsque Manuel Valls se décide à retoucher une ultime fois son gouvernement. N'aurait-il pas mérité d'en être, lui qui vient de se sacrifier en PACA ? Son nom ne circule même pas. Pire, la députée des Hautes-Alpes, Karine Berger, qu'il n'aime guère, apparaît bien placée pour prendre l'ascenseur si convoité. Auprès de ses proches, il remâche de plus en plus fréquemment sa frustration. « Là, ça fait vraiment chier. C'est la prime aux chieurs », s'agace-t-il dans un SMS rageur adressé à un ami. Une fois entendu qu'il devra de nouveau passer son tour, il actualise son message : « Valls m'a dit que ce n'était pas d'actu. Il faut vraiment se couper les couilles pour faire de la politique. »

2

Un soldat en campagne

D'un pas preste, comme galvanisé par le jingle et les projecteurs criards, Christophe Castaner traverse le plateau, serre la main des chroniqueurs Yann Moix et Vanessa Burggraf, des actrices Clémentine Célarié, Isabelle Mergault et de l'auteur Jean-Benoît Patricot. Il marque un temps d'arrêt, debout, pour saluer le public et se nourrir de leurs applaudissements, ramène les deux pans de son veston bleu marine. Enfin, il s'assoit dans le siège réservé aux invités vedettes de l'émission de Laurent Ruquier, « On n'est pas couché ». Comme avant chaque prestation importante, il a pris de longues minutes, dans la journée, pour méditer. Un air ravi éclaire son visage. « C'est une première pour vous », lance l'animateur. La jubilation du député transperce l'écran. « Pardon de vous le dire, enchaîne Ruquier, mais tout le monde ne vous connaît pas très bien encore, même si on vous voit de plus en plus sur les plateaux télé, car vous êtes le porte-parole officiel d'Emmanuel Macron. Vous n'êtes pas le seul, il y en a plusieurs. » Suit une heure de questions-réponses. Le député-maire de Forcalquier vient de plonger dans le grand bain du PAF.

« On n'est pas couché » est une émission phare, en forme de rite initiatique de l'homme politique, un passage obligé en quelque sorte. Cela fait, on joue dans la cour des grands. Christophe Castaner ne peut s'empêcher de sourire lors de l'enregistrement de l'émission, le 16 mars 2017. Cette invitation, il l'a décrochée avec les dents. À un mois du premier tour de l'élection présidentielle, les candidats envoient leurs meilleures gâchettes dans les médias. Les entourages, eux, se battent pour gratter de la visibilité médiatique, façon de s'imposer dans le paysage et – songent-ils tous – dans un futur gouvernement en cas de victoire.

Il a donc fallu ruser pour arriver jusqu'au studio Gabriel. Au QG, Benjamin Griveaux, qui occupe le poste rémunéré de coordinateur des porte-parole de la campagne, s'est mû en véritable tour de contrôle des passages média. Le spectre de son radar est d'autant plus large qu'il dispose d'un solide réseau d'influence. Nombre de ses vieux amis, le stratège Ismaël Emelien, la conseillère presse Sibeth Ndiaye, le trésorier Cédric O, entourent le candidat façon tortue romaine. Un pilier de la Macronie parle d'expérience : « Il n'est pas simple de s'intégrer à leur équipe. » Pièce rapportée et un peu isolée, Christophe Castaner n'a d'autre choix que de rentrer par la fenêtre. Cette fois, il a un solide atout dans la manche. Le Niçois Christophe Kulikowski, rédacteur en chef politique d'« On n'est pas couché », est une vieille connaissance. Lorsqu'il sollicite des représentants de chaque candidat à l'approche de la présidentielle, l'équipe Macron temporise, mais Castaner tope en direct. Benjamin Griveaux apprend que son rival est programmé à la faveur d'un anodin coup de fil. Son sang ne fait qu'un tour. À sa suite, une partie de l'équipe communication trouverait plus judicieux d'envoyer en plateau une figure du renouvellement, plutôt qu'un avatar de l'ancien monde. Mais les programmateurs, eux, ne sont pas chauds. « Un certain nombre de journalistes ont considéré pendant longtemps que la parole d'un non-élu valait moins, analyse Ismaël Emelien. On a mis des mois à faire en sorte que Benjamin soit convié sur les plateaux pendant la campagne. On nous disait : "Vous n'auriez pas plutôt Collomb ou Casta ?" » François de Rugy ne peut, lui non plus, s'empêcher de sourire lorsqu'il songe que, quinze jours plus tard, « On n'est pas couché » le convie à son tour. L'équipe de Ruquier a besoin d'un soutien d'Emmanuel Macron en plateau pour équilibrer les temps de parole. C'est Christophe Castaner qui le prévient, lui encore qui s'assure que tout est bien calé. Le transfuge du parti écolo le comprend après coup, « il avait la hantise que Benjamin Griveaux fasse l'émission après lui ».

Le 16 mars 2017, le député des Alpes-de-Haute-Provence prend un risque en se rendant au studio Gabriel. L'émission est réputée piégeuse. Or, à un mois du premier tour, rater pareille prestation serait impardonnable. « C'était courageux, à l'époque », observe un ancien collaborateur. Il n'a guère le choix, s'il veut exister au sein d'un écosystème qui, à l'exception des barons du premier cercle, les Gérard Collomb, Jacques Mézard, Richard Ferrand, François Bayrou, tient les élus à distance du réacteur. « On ne voulait pas d'une nouvelle coterie d'apparatchiks. Les élus n'étaient pas au cœur du récit, ni de l'action », résume Emelien. Castaner s'est donc d'abord mis « en marche » tout seul, à l'été 2016, en parcourant à pied, en un happening politico-mystique, les deux cent soixante-dix kilomètres de sa circonscription, fort d'un lien, celui qu'il entretient avec Emmanuel Macron. « Je crois que c'est une vraie belle amitié, relève son épouse Hélène. Ils s'estiment beaucoup et il y a un vrai franc-parler d'un côté comme de l'autre. Ils peuvent se dire des choses. Quand vous arrivez à un certain niveau, il n'y a plus beaucoup de personnes pour vous parler avec franchise. »

Une petite main de la campagne décrypte : « Il a jaugé l'entourage de façon assez pragmatique. Il se dit : "Je n'arriverai pas à rentrer par le côté techno, parce qu'il y a des technos partout. Je n'arriverai pas à rentrer par le côté maires, parce qu'il y a Collomb et Bayrou. Où est le flottement ? Côté médias." Et vu qu'il a de la gouaille, qu'il est sympa, qu'il sait faire avec les journalistes, il s'est imposé par ça parce qu'il y avait un trou. » L'équipe manque cruellement de bêtes de plateaux, à envoyer prêcher la bonne parole. Castaner est de ceux qui comblent cette carence. « Il incarne l'homme d'à côté, pas du tout le costard-cravate compassé parisien qui t'écrase par son savoir, vante Sibeth Ndiaye. Il a cette proximité, une forme d'empathie qui fait qu'on se sent bien à côté de lui. Dans une campagne, on a besoin d'une personnalité qui incarne la vraie France. » Et qui ne ménage pas sa peine, à l'image d'un Christophe Castaner, disponible y compris pendant les fêtes, vieille tactique de ceux qui ne courent pas en première série.

L'élu du Sud-Est double cette activité d'un présentéisme forcené, quand bien même certains au QG de campagne, où la méfiance est rarement placée sous étouffoir, le soupçonnent dans un premier temps d'être une taupe de Manuel Valls. Mais on apprécie son côté chaleureux et sa connaissance des dossiers. Quoi que ses congénères puissent en dire, il est de toute façon résolu à mettre le pied dans la porte. « Christophe, il s'est automissionné en étant présent, systématiquement, sur tous les meetings. C'était M. Meeting, ironise un pilier de la campagne. Plein de gens vivaient assez mal de le voir arriver pour se mettre au premier rang, mais c'était utile. Dans les déplacements, il traitait les journalistes. » Parfois, il joue les chauffeurs de salle, au risque du four, comme lorsqu'il lance à Toulon le « Pilou-Pilou », chant des rugbymen locaux, ou à Marseille, un interminable « Qui ne saute pas… », écharpe de l'OM autour du cou. Même omniprésence lorsque vient le tour des candidats aux législatives de monter sur scène. « Il aimait aller soutenir des candidats, distiller des conseils, se souvient l'actuel patron d'En Marche, Stanislas Guerini, qui l'a accueilli en meeting à Paris. Au pied de la scène, il me dit : “C’est quoi, les trois trucs ?” Il note au creux de sa main. Et se lance. Il le fait avec brio, avec chaleur. Il était au centre du jeu, décisif, je sentais qu’il aimait ça. » Visiblement heureux, aussi, de faire la démonstration de son savoir-faire. Au sein du noyau dur, son côté « collant » est source de moqueries, quand ce n’est pas l’agacement qui pointe. « Castaner s’incrustait sur les déplacements où il n’était pas prévu. On payait nos déplacements sur nos indemnités de député », avoue son homologue Arnaud Leroy, des mois plus tard. Sa science du placement sur les photos devient l’objet de plaisanteries. Il n’est pas rare que « le chef », comme on appelle Emmanuel Macron au siège de campagne, se fasse chambrer par ses lieutenants sur le thème « C’est qui, le gars à côté de Casta ? ».

« Il faut tempérer tout cela, prévient Stéphane Séjourné, à l’époque conseiller de Macron. Il y a un effet de cour, dans une campagne, avec ceux qui protègent leur périmètre, car il y a énormément d’enjeux derrière, avec des postes à responsabilités. » À chaque écurie présidentielle, ses luttes d’influence, coups bas, plus ou moins tordus, ses petites mesquineries. Le QG de campagne bruisse ainsi de la « guerre » que se livrent Castaner et Griveaux pour les plateaux télé ou radio. Le premier accuse le second de « débrancher » – comprendre déprogrammer en douce – ses interventions médias, dont une participation à la soirée électorale de TF1 pour le premier tour de la présidentielle 2017. Griveaux, lui, reproche à Castaner d’alimenter la presse en petites phrases peu flatteuses. « On s'est convaincus que l'un et l'autre faisaient des sales coups à l'autre par nos entourages, nos mauvais caractères. C'est une rivalité alimentée », minore Castaner. Son rival n'en pense pas moins, tant s'en faut, mais se refuse à commenter.

Christophe Castaner est isolé et il le sait, si bien qu'il décide, contre mauvaise fortune bon cœur, d'en faire un trait de personnalité. « Je ne suis pas un homme de clan et je suis méfiant. C'est une faiblesse chez moi, d'ailleurs. Tant que je suis fort, j'ai du poids. Mais dès que j'aurai une faiblesse, comme mes amis ne sont pas dans ce milieu-là, je ne serai pas aidé », confie-t-il à l'hiver 2019. Alors même que les galons gagnés le lui permettraient, il ne cherche pas, durant la campagne, à se construire des fidélités. Eurent-elles de toute façon payé ? Alors il choisit ses métaphores, « bon copain », « cousin sympa », celui qui pense à téléphoner régulièrement à une députée victime d'un accident de voiture ou qui propose à François de Rugy, sorti du gouvernement à l'été 2019 pour cause de dîners fastueux et travaux coûteux, de lui prêter sa maison pour les vacances. Mais certainement pas « le parrain », même quand se jouent les stratégiques investitures aux législatives de 2017. Stéphane Séjourné et Pierre Person, chargés du recrutement des candidats, sollicitent tout naturellement son avis sur PACA. Une belle occasion d'écarter les gêneurs et de se faire créancier d'ascensions fulgurantes. « Mais il n'a jamais insisté beaucoup. Il était content de donner son avis, sans jamais mettre de veto », se souvient Séjourné. Distancié, passif ou indifférent, diront certains, même au moment d'examiner le cas Cécile Muschotti, avec laquelle il y a un antécédent, celui des élections régionales de 2015. « Il n'a pas dit *non*. Il n'a pas dit *oui* non plus. Il m'a dit : ça a été ma porte-parole de campagne, elle a telle et telle qualité, tel et tel défaut. Mais ce n'était ni un *go* ni un veto », témoigne encore Stéphane Séjourné. Son attitude changera quelque peu à l'été 2017, lorsque, entré au gouvernement comme chargé des Relations avec le Parlement, il prend l'initiative d'organiser des apéros ou déjeuners, en son ministère, réunissant autour de lui une trentaine de jeunes députés, les plus politiques et médiatiques du groupe. Exception dans son parcours que cette posture de « grand frère » qu'il adoptera alors. « Il ne crée pas une chapelle, avec une volonté idéologique. C'était un peu un club, il nous a permis d'avoir un espace où on pouvait parler politique », raconte la députée LREM Aurore Bergé. De ce temps-là, éphémère, demeure une boucle sur la messagerie cryptée Telegram, qu'il conservera après son installation à Beauvau, pour partager éléments factuels et analyses politiques, concernant essentiellement son activité au ministère de l'Intérieur. Mais nous n'en sommes pas là. À cette heure, celle de la campagne présidentielle, Christophe Castaner n'a au fond qu'une idée en tête : nourrir une relation directe avec Emmanuel Macron. Sa meilleure et sa seule assurance.

3

Casta en prend son parti

Les mains tremblent, la voix s'élève dans les aigus… Ses collaborateurs le comprennent à ces deux symptômes, à l'heure de tenir sa première réunion comme patron du parti présidentiel, au siège de la rue Sainte-Anne à Paris, Christophe Castaner est nerveux. Salariés et bénévoles ont pris place autour de la grande table de réunion, au troisième étage de cet immeuble mal fichu, régi par des protocoles de sécurité délirants. Dévisagé par une centaine de paires d'yeux, le nouveau « délégué général » tire une chaise, puis s'assoit. « Bon, bah, j'ai rien de particulier à vous dire. » Stupeur et déception. Entendant ces mots, un permanent du QG saisit tout de suite : « Ça l'emmerdait clairement. »

La mauvaise grâce de Castaner ne prend personne à revers. Il l'a dit, en coulisses, puis à la presse, chaque jour ou presque des mois d'octobre et novembre 2017. Il veut d'autant moins du poste qu'il le contraint à quitter celui de porte-parole du gouvernement. Qu'il n'en démorde pas finit par agacer. « Ça n'apporte rien à personne, ça dessert tout le monde : lui, le mouvement, la majorité, le Président », maugrée-t-on dans l'entourage d'Emmanuel Macron. À ceux qui viennent l'interroger au coin du feu à l'hôtel de Clermont, écrin de son ministère, au cours des semaines précédant son intronisation du 18 novembre 2017, « son sacre », laisse échapper une collaboratrice, il répète inlassablement qu'il n'est « pas un homme de parti ». Ou, plus explicite encore : « Je ne veux pas être chef. » Mais les désirs d'Emmanuel Macron… L'une des toutes premières Marcheuses, ex-patronne de l'organisme de micro-crédit Adie, Catherine Barbaroux, premier choix, a décliné. Benjamin Griveaux, lui, piaffe, mais le chef de l'État n'en veut pas. Restait donc Christophe Castaner, lieutenant multitâche et à tout faire de ce début de quinquennat. « Je pense que le Président voulait quelqu'un de consensuel, un élu de terrain expérimenté, avec une image moins entrepreneuriale, moins “start-up”. Capable aussi d'incarner et de parler au centre de gravité politique historique d'En Marche », décrypte le conseiller spécial d'Emmanuel Macron, Philippe Grangeon. Son profil de rocardien deuxième gauche parlera, songe Macron, au cœur de la majorité et aux cadres locaux du parti, pour beaucoup issus de ce sérail et bousculés par la percée de la droite en Macronie.

L'étau s'est resserré progressivement, mais sans retour envisageable, pour lui imposer cette volonté. Ce fut l'affaire de plusieurs dîners. Au premier, le fait est exposé en une phrase, où l'anodin le dispute au comminatoire : « De toute façon, tu reprendras le parti. » Vient la corde sensible, celle du « bon soldat », dont jouent le Président et ses stratèges. Christophe Castaner arrache une contrepartie, *sine qua non* pour lui, conserver un maroquin, celui de secrétaire d'État chargé des Relations avec le Parlement. Pour le moins baroque. Le patron de parti ferraille contre ses rivaux politiques quand le ministre doit arrondir les angles avec les groupes parlementaires de l'opposition. Lui sera tout cela à la fois. Rester au gouvernement vaut bien un grand écart.

Animal plutôt solitaire, toujours à bonne distance des jeux d'appareil socialistes, par choix ou contrainte, Christophe Castaner doit faire sa mue. Le voilà chef d'une meute aux abois. Certes, le parti a tout raflé aux élections présidentielle et législatives de 2017. Mais la structure est atone, coquille vidée de ses cadres et d'autant plus fragile qu'elle n'a d'autre histoire à laquelle se raccrocher qu'une épopée fulgurante. Gare aux pièges, ce territoire est celui de la bande de trentenaires qui a conquis le pouvoir avec le chef de l'État. Ce parti, ils l'ont bâti de leurs mains, avec leurs codes, leurs proches. Par précaution et facilité, le nouveau délégué général débarque au QG avec une partie de son cabinet et un bras droit en qui il a toute confiance, François Blouvac, vieux copain des jeunesses rocardiennes. La tâche est immense. « On a récupéré un parti livré à lui-même, dans un état de flottement absolu », résume Blouvac. Dès lors, était-il inspiré d'y envoyer quelqu'un contre son gré ? « Le parti était tellement exsangue après la présidentielle, tellement chamboulé, qu'il fallait à mon sens quelqu'un qui ait profondément envie de ça et envie de lui consacrer du temps. Ce n'était pas le cas de Christophe. Mais il a le sens du devoir et au fond il a aimé participer au redressement du mouvement », dissèque l'actuelle porte-parole du gouvernement, Sibeth Ndiaye.

La résignation opérant, le nouveau patron du parti comprend comment tirer profit, et même plaisir, de son passage en ces lieux. « Le mouvement, avec lui, c'était une mairie. Il a connu tout le monde très vite. Et quand les gens lui faisaient remarquer des problématiques de terrain, il avait envie d'y répondre », salue Pierre Le Texier, ancien responsable du pôle d'influence numérique, qui l'a vu peu à peu « imprimer sa patte ». Le nouveau délégué général apprécie aussi les déplacements qui lui permettent de mesurer sa cote d'amour auprès des militants et de prendre le pouls du pays. « Il a le sens du contact, souligne l'ex-conseiller presse du parti, Édouard Montchamp. Je pense qu'il s'est pris au jeu de sa fonction par le biais des déplacements. » À écouter son ami et directeur de cabinet François Blouvac, Castaner trouve sa gratification dans son rapport aux militants. « Les adhérents étaient fiers de leur chef et Christophe était un chef qui les flattait », résume-t-il. En somme, il communique, incarne, donne un visage au mouvement et conserve une tribune. Ceux qui passent dans sa loge à Lyon, le 18 novembre 2017, jour de son intronisation comme « délégué général », le sentent dans l'instant. « Il avait totalement conscience qu'il prenait une dimension dans la majorité. Avant son discours, après, il ne donnait pas du tout le sentiment de quelqu'un qui n'a pas envie d'être là. On sentait une excitation », témoigne Gabriel Attal. De même qu'un an plus tard, le 1er décembre 2018, il confie à Philippe Grangeon son regret de ne pouvoir être présent au Pavillon Baltard pour passer la main à Stanislas Guerini. Retenu par le plus violent des samedis des Gilets jaunes, pendant que son successeur prend les rênes du parti, Christophe Castaner ne peut prendre place sur la photo de famille.

« J'ai adoré donner à cette machine le goût de la politique, certifie l'intéressé en écho. Quand on parlait un peu politique aux gens en place, c'était mal. J'arrive dans la start-up nation, où c'est formidable, on est sur des poufs de couleur… Mais, du coup, on parle de trucs qui sont ailleurs et on tourne sur nous-mêmes. » En interne, le chantier accuse un sévère retard. « Le mouvement, c'est un cercle de gens qui ne se sont réunis que dans un objectif : mettre Macron président de la République, défend le secrétaire d'État Gabriel Attal, un temps porte-parole de LREM. Et il a réussi à faire en sorte que ce cercle de gens ne disparaisse pas. Il ne pouvait pas transformer ça, en quelques mois, en machine de guerre politique. »

Le cabinet dédié à sa personne se juxtapose à une équipe déjà en place, ce qui ne va pas sans doublons et frictions. Certains salariés et cadres découvrent aussi un manager soufflant le chaud et le froid, qui s'adonne à une tournée des bureaux à chacune de ses visites, mais peut aussi « allumer sèchement », « mettre des balles gratuites » en réunion. Un membre du bureau exécutif s'interroge encore. « Parfois, c'étaient des piques, des boutades, mais on ne savait pas au fond ce qu'il voulait dire. »

L'opérationnel, structuration du parti et préparation des élections, Christophe Castaner le délègue au député de Paris Pierre Person, devenu son numéro deux au fil du temps. Les arbitrages tardent et les notes s'entassent sur son bureau. Tout cela l'ennuie, il n'en fait pas mystère. « Ce qui se passe sous le capot, ça l'intéresse moins », confirme un cadre du parti.

Sous la verrière de l'Atelier 13, niché au cœur du Marais à Paris, les journalistes écoutent sans grand entrain Christophe Castaner évoquer, justement, les chantiers de structuration du mouvement, quand celui-ci épice en quelques mots sa conférence de presse de rentrée. Le voilà qui propose de lancer « une réflexion sans tabou » sur une réforme « en profondeur » des droits de succession. Osé. Sur le papier, la proposition est macronienne en diable. Poussée par un vieil ami du Président, le patron du groupe SOS, organisation spécialiste de l'action sociale et solidaire tous azimuts, Jean-Marc Borello, l'idée a même été avalisée par le bureau exécutif. Mais, alors que le gouvernement tente, au cours de ce mois de septembre 2018, de réparer les pots cassés avec les retraités par la hausse de la CSG, ce n'est vraiment pas le moment. Il ne s'écoule guère de temps avant que l'Élysée ne fasse fuiter l'exaspération du Président. « Il faut arrêter d'emmerder les retraités ! » Un recadrage en bonne et due forme, par médias interposés. Christophe

Castaner avale son chapeau tout rond. Publiquement. « Il se fait défoncer injustement », lâche un proche de Macron. Dépité, il menace de quitter le navire. « Tout le monde a fait des pieds et des mains pour qu'il ne démissionne pas. Il disait : "Puisque c'est comme ça, je vais redevenir simple député" », témoigne un cadre du parti. Son ami François Blouvac complète : « Il le vit mal pour deux raisons. Il dit : "Tu m'as demandé de prendre le parti, alors fais-moi confiance. Et tout cela est étayé, correspond à une logique. Ça n'est pas une lubie. Si chaque fois que le mouvement fait quelque chose il doit lever le doigt pour demander, on ne va pas s'en sortir." » Mais, en Macronie, c'est « le chef » qui décide. « L'enjeu du mouvement n'est pas d'être dans la caporalisation, mais dans la pleine cohérence avec le Président », louvoie l'ex-conseiller spécial du chef de l'État Ismaël Emelien. La nuance est plus que subtile.

Son expérience à la tête du parti est d'autant moins agréable qu'elle l'éloigne du soleil. « Je suis passé du statut de ministre influent à presque collaborateur. En devenant le directeur général, dans son esprit, et non pas le délégué général, j'étais beaucoup plus collaborateur. Beaucoup plus : vas-y, fais ça ! Et embauche Untel, reçois Untel. Deux ou trois fois, je me suis engueulé avec lui », raconte Castaner *a posteriori*. Avec l'Élysée, les rapports sont mitigés. Le patron du parti se méfie des ingérences supposées du Château et des cofondateurs d'En Marche. Il tient ainsi Ismaël Emelien à distance, qui lui avait pourtant fait une offre de services. « Il ne nous a pas du tout sollicités, soupire un membre de la bande. Alors qu'on est des gens loyaux, on se serait mis en rang derrière lui. J'y voyais un petit côté : Je les efface de la photo. »

Mais quand cela se tend, Castaner s'aligne naturellement. Ainsi, lorsqu'il s'agit de sanctionner Vincent Crase, salarié du parti, reconnu, dans une vidéo, au côté d'Alexandre Benalla en train de molester des manifestants le 1er mai 2018, Christophe Castaner joue la symétrie des punitions : quinze jours de mise à pied, pour ne pas mettre l'Élysée dans l'embarras. Si cela n'avait tenu qu'à lui, il aurait frappé plus fort. « Il fait preuve de davantage de lucidité et de responsabilité que certains dirigeants à l'Élysée, parce qu'il a immédiatement mesuré l'impact médiatique, les risques, le caractère inadmissible de ce qui s'était produit. Mais il lui était impossible de mettre une sanction supérieure à ce que l'Élysée avait infligé à Alexandre Benalla, sans quoi le signal, c'était : Vous voyez, moi, je suis responsable, eux sont en dessous de ce qui aurait dû être fait », décrypte un pilier de la Macronie, qui a vécu l'affaire de près. On le dit « pas content du tout », d'une « clarté absolue » sur la faute commise. La vidéo, il l'a vue dès le 2 mai 2018, alertant même sur le thème « c'est pas compliqué, ça va sortir ». Il n'a pas été entendu. Il n'a rien dit.

Au troisième étage du QG, onze mois après avoir admis qu'il n'avait que peu à leur dire, Christophe

Castaner réunit une dernière fois les salariés du parti. Des jus de fruits et quelques gâteaux ont été achetés en catastrophe au supermarché du coin, histoire de marquer le coup. Nostalgie des adieux et joie d'accéder à Beauvau s'entremêlent. « C'est un sentimental, Christophe. Il s'est attaché », sourit François Blouvac. Il était pourtant parti sans même dire au revoir. Et ne remettra plus, ou presque, les pieds au bureau exécutif. La passation des pouvoirs avec Stanislas Guerini prendra la forme d'un entretien, organisé trois semaines après sa désignation à la tête du parti, moins de deux heures dans son bureau à Beauvau, essentiellement consacrées à la politique. Preuve qu'il sait, aussi, ne pas se laisser déborder par l'affect. « Christophe, il fait ce qu'on lui propose de faire, souffle Blouvac. Ça ne veut pas dire qu'il n'avait pas en tête dès ce moment-là l'Intérieur. Et qu'il ne savait pas qu'accepter la mission qui lui était donnée, et la réussir, ne pouvait que l'aider à accéder à autre chose… »

4

À Beauvau par la fenêtre

Assis à la gauche du Premier ministre, au premier rang de l'hémicycle, Christophe Castaner observe, tout à la fois grave et électrifié, l'agitation qui s'empare de l'Assemblée nationale. Les bancs de droite comme de gauche s'amusent de voir le navire macroniste, si fier et sûr de lui, tanguer sur les eaux houleuses de l'actualité. Ce mardi 2 octobre 2018, la confusion est totale. La veille, le ministre de l'Intérieur, Gérard Collomb, a présenté sa démission à Emmanuel Macron afin de se libérer pour les municipales de Lyon. Mais le chef de l'État pense avoir rattrapé son vieux grognard par la manche. On en est là, à l'heure où, depuis le perchoir, Richard Ferrand ouvre la séance des questions au gouvernement. Seulement, « Gégé », comme on l'appelle en Macronie, manque à l'appel. Le député de droite Éric Ciotti ouvre le feu. « Y a-t-il un pilote place Beauvau ? » Ses collègues déchaînés embraient. « Quel cinéma ! », « Peut-on le joindre par Skype ? », « Ils séquestrent le ministre de l'Intérieur ! », « Libérez Collomb ! » Édouard Philippe, costume gris et boutons de manchettes aux couleurs du drapeau français, tente de colmater les brèches, tandis que Manuel Valls, qui fait ce jour-là ses adieux à la politique française direction Barcelone, constate, consterné, les dégâts. Peu avant 16 heures, c'est la débandade. Gérard Collomb maintient sa démission dans une interview accordée au *Figaro* au moment du pousse-café. Cela, le Premier ministre l'apprend, comme le grand public, sur l'écran de son smartphone. Édouard Philippe se tourne aussitôt vers Castaner. « J'espère que tu n'as rien de prévu ce soir… – Non », répond le secrétaire d'État en charge des Relations avec le Parlement, convaincu qu'il tient sa chance. Juste avant de se rendre au Parlement, il a déjà poussé ses pions auprès du Président, à l'occasion d'un déjeuner en tête à tête à l'Élysée. Christophe Castaner est persuadé d'être le mieux placé. Le vivier est si restreint… La fenêtre s'ouvre un peu plus tôt que prévu dans son calendrier personnel. « J'avais intégré cela dans mon logiciel, et pas du tout un remaniement en octobre », témoigne-t-il. Il pensait conduire le parti jusqu'aux élections européennes de mai 2019, mais tant pis. Dans sa manche, un seul atout, susceptible cependant de tout emporter, sa loyauté et son dévouement envers Emmanuel Macron. « Le seul sujet, c'est la confiance, résume un proche du Président. Quand on est à Beauvau, on sait tout sur tout. Le moindre truc qui se passe. Ça ne peut pas être quelqu'un en qui le Président n'a pas une confiance absolue. Point barre. » L'ancien « premier flic » de Nicolas Sarkozy, Brice Hortefeux, abonde. « C'est un poste pour lequel, si l'on veut être efficace, il faut qu'il y ait une fluidité totale avec l'Élysée. » Et puis, le pouvoir n'en a pas terminé avec les affres de l'affaire Benalla, survenue à l'été 2018. Le climat est à la suspicion entre l'exécutif et certains cercles au sein de la préfecture de police de Paris, accusés d'avoir réglé leurs comptes et alimenté le grand déballage. « Le Président se dit que c'est tellement le bordel qu'il faut nommer à Beauvau quelqu'un qui est vu comme proche de lui et soit extérieur aux jeux de lutte à la préfecture de police », détaille un conseiller d'Emmanuel Macron. Mais alors qu'au fil du temps l'extrême sensibilité du poste s'est encore accrue à mesure qu'enflait la menace terroriste, la candidature Castaner bute sur ses faiblesses, son manque de connaissances techniques et de réseaux dans les forces de l'ordre ou les arcanes de la haute administration comme le corps préfectoral. Et puis sa nomination engendrerait un nouveau bonneteau à la tête du parti et au gouvernement. « Il faut refaire de la RH, ça prend deux à trois semaines, et dans ce cas-là tout le monde lève le crayon dans le gouvernement, entourage compris, glisse un stratège. Ça paralyse tout, ce genre de truc. »

S'il veut Beauvau, il faut forcer la décision. « C'est quelqu'un qui, quand il s'est fixé un but, met tout en place pour l'atteindre. Celui qui n'a pas su qu'il était intéressé était aveugle, sourd et paralytique », s'amuse Sibeth Ndiaye. Voilà un moment qu'il évoque ce rêve auprès de ses proches ou de certains de ses pairs du gouvernement. « Il y a une chose qu'il sait faire mieux que beaucoup, c'est marteler, imposer sa volonté quand il a une envie », confie Richard Ferrand. Au point, même, d'instiller l'idée auprès d'Emmanuel Macron dès avant son élection, comme pour la mettre en germe. Récit savamment entretenu auprès des journalistes, auxquels son entourage martèle qu'il était le « M. Régalien » de la campagne présidentielle, façon de montrer que Castaner coche bien les cases du poste. Cette version, il la soutient encore aujourd'hui. « Chaque fois qu'il y a des débats, y compris face aux spécialistes de la droite, c'est moi qui y vais. » Christophe Castaner s'est effectivement rendu à une table ronde, organisée le 29 mars 2017 par le Centre d'analyse du terrorisme (CAT), un think tank créé par le chercheur Jean-Charles Brisard. « Je m'étais déjà un peu payé Éric Ciotti et ses certitudes », se targue-t-il. En réalité, il s'est infiltré dans un interstice. Le conseiller Didier Casas, qui pilote le groupe de travail sur les questions régaliennes dont Castaner n'est qu'un visiteur occasionnel, était tout désigné pour intervenir devant le CAT. Mais, en cette fin mars, il est cloué au lit par une vilaine grippe. Au moment de trouver un remplaçant au pied levé, il se tourne vers le seul député à avoir manifesté de l'intérêt pour son pôle. « Je l'ai briefé en dix minutes : le kit de survie, c'est de dire trois trucs, qui correspondent à chaque branche de la police. Il avait répété ça mot pour mot. Et, honnêtement, plutôt bien », se souvient Casas. Ce « kit de survie » est décidément bien utile, y compris en face-à-face télévisé contre Florian Philippot, homme lige de Marine Le Pen. Où l'on voit Christophe Castaner réciter la leçon d'un ton docte, sur le plateau de BFM TV. « Vous savez, dans la pratique de la police, il y a vraiment trois piliers qui lui permettent d'agir. Il y a l'intervention [...], l'investigation [...] et la sécurité publique. C'est cet ensemble qui permet de réduire tous les risques. » Son bagou et son air décidé font le reste.

Au mois d'octobre 2018, se joue une scène qu'un auteur de comédie n'aurait osé situer dans le bureau d'Édouard Philippe. Ni même imaginer, étant entendu que l'on parle là d'un remaniement pour un poste de premier plan et non d'une farce sur les mariages arrangés. Dans le rôle de l'entremetteur, le Premier ministre lui-même. Dans celui des promis, Christophe Castaner, cramponné à son ambition, décrocher Beauvau, et l'ancien directeur de la police nationale, Frédéric Péchenard. Technicien reconnu, venu de la droite, ce qui ne gâche rien, et poussé par Nicolas Sarkozy, il constituerait une belle prise de guerre pour le Président. Le ballet s'orchestre à Matignon. Édouard Philippe accueille d'abord Frédéric Péchenard. Ce dernier, auquel il a été question de proposer la préfecture des Hauts-de-France, a déjà passé une succession d'entretiens, avec Emmanuel Macron, mais aussi avec le secrétaire général de l'Élysée, Alexis Kohler. Plusieurs noms ont émergé à mesure que les jours filent, celui de l'ambitieux ministre du Budget, Gérald Darmanin, de Nicolas Revel, ancien secrétaire général adjoint de l'Élysée, proche d'Emmanuel Macron. Castaner pense avoir enfin plié le match, quand surgit l'option Péchenard.

Si Édouard Philippe reçoit l'ancien flic ce jour-là, c'est qu'un tandem, alliance des contraires s'il en est, est envisagé. Tiens, d'ailleurs, n'est-ce pas la voiture de Castaner qui pénètre dans la cour pavée ? À son tour d'être accueilli par le Premier ministre tandis que Péchenard patiente, en secret, dans un bureau mitoyen du sien. Philippe présente son plan, Castaner ses doutes. « Et là, il me dit : ça tombe bien, il est à côté. Et là, *boum*, Péchenard entre ! Ce n'était pas super agréable », se souvient le lieutenant de Macron. Le chef du gouvernement se retire, laissant les deux hommes seuls, plantés là, dans son bureau, une heure ou presque, dans l'espoir qu'ils fassent connaissance. On ne saurait faire parcours, profils et caractères plus dissemblables. Frédéric Péchenard prend le temps de cet entretien impromptu pour exposer ses vues. Ses exigences, aussi. Dans le panier de la mariée, ou plutôt du secrétaire d'État, il souhaite trouver des décrets d'attribution pour la police et la gendarmerie, mais aussi son propre cabinet. L'entretien est cordial, « très respectueux », dira Castaner. Il ne débouche sur rien.

À la perspective de voir débarquer un ami de Sarkozy, des alliés de poids, et de circonstance, se réveillent pour épauler le macroniste dans sa quête. Déjà sceptique sur celui de Darmanin, le patron du MoDem François Bayrou, qui exècre l'ex-Président, grimpe aux rideaux en entendant prononcer le nom de Frédéric Péchenard. Les Marcheurs des premiers jours, aussi, tiquent. Leur père et DRH à tous, Philippe Grangeon, n'est pas allant. « Christophe était quelque part le seul, parmi les historiques restants, en mesure d'occuper le poste », insiste un familier du Président. Le vrai frein se situe à Matignon. Édouard Philippe est dubitatif. Une circonspection difficile à avaler pour Castaner qui, par calcul ou sincérité, avait pris soin d'accueillir ce fils d'Alain Juppé à bras ouverts. « J'ai eu le sentiment de ne pas être totalement soutenu », confie le ministre. Lui-même bombardé chef du gouvernement en quelques semaines, alors qu'il n'était encore qu'un député de droite orphelin après l'échec de son mentor à la primaire, Philippe s'interroge. La marche n'est-elle pas trop élevée pour l'élu de Forcalquier ? Les échos de la presse adjoignent l'irritation au scepticisme. Dans les couloirs de Matignon, on soupçonne fortement Castaner d'alimenter cette chronique. Lui fulmine en lisant dans les journaux qu'il menace de démissionner dans le cas où il n'obtiendrait pas l'Intérieur. « Ça sent le Darmanin ! », s'agace-t-il auprès d'un proche. Il doit aussi travailler à enterrer une idée de Richard Ferrand : le propulser à la tête d'un grand ministère de la Cohésion des territoires. Quitte à délaisser séance tenante et téléphone en main un dîner, afin de plaider longuement sa cause auprès d'Emmanuel Macron. « Il a tout fait pour l'éviter, témoigne un pilier de la Macronie. Il leur a dit : "Vous faites une erreur sur Beauvau. En Italie, il y a Matteo Salvini, en Allemagne Horst Seehofer, ce sont des gens à qui il va falloir tenir tête, il faut quelqu'un qui sache aussi communiquer." »

Christophe Castaner arrache le morceau, au terme notamment d'un ultime coup de fil au chef de l'État alors en déplacement en Arménie. Un compromis est trouvé : il lui est adjoint un technicien, Laurent Nuñez, qu'Emmanuel Macron a personnellement choisi. Celui qui était jusque-là patron du renseignement intérieur (DGSI) aura un secrétariat d'État sans attribution. D'autres profils avaient été envisagés, celui de Didier Casas ou du préfet Pierre de Bousquet de Florian, coordinateur national du renseignement et de la lutte contre le terrorisme. Le ministère est aussi délesté des relations avec les collectivités locales et recule dans l'ordre protocolaire. Cette cure d'amaigrissement, témoin des doutes autour de son profil, ne ternit pas le bonheur de Christophe Castaner, dont la nomination est officialisée après deux semaines d'un rocambolesque suspense, au cours desquelles le Premier ministre a dû lui-même assurer l'intérim. Son grand frère, Serge, siffle d'admiration par SMS. « Ben, mon cochon ! » Le plus ardu reste à venir, entre les murs de ce ministère où l'on vit en permanence sous la menace du risque terroriste, des catastrophes et, on le verra bientôt, des complexes enjeux de maintien de l'ordre. A-t-il pris la mesure de ce qu'implique son ambition ? « On fait de la politique depuis 1986. Des ministres, on en a vu passer. Des gens dont on pensait qu'ils n'avaient absolument pas la capacité d'être ministres, on en a vu… Donc on relativise. Et on se dit qu'on n'a pas de raison de se limiter, avance son ami des jeunesses rocardiennes Christophe Clergeau. Chez

Christophe il y a une forme de désinhibition. Un côté “Je sais gérer, je sais m’adapter, je me suis toujours débrouillé, je ne suis pas plus con qu’un autre, je vais leur montrer que c’est possible”. Un côté d’Artagnan, du panache, qui est réel chez lui. En même temps, il a toujours eu le souci d’être à la hauteur ensuite. » Il n’a de toute façon plus le choix.

V

LE BEAU PARLEUR

1

Un porte-parole détonnant

Une feuille A4, annotée d'un texte bref, au vocabulaire volontairement élémentaire, est scotchée sur le pare-brise de la berline ministérielle. Une caméra GoPro est, elle, fixée sur le pare-soleil du siège avant passager, tandis qu'un enregistreur se niche dans la boîte à gants. Ce mercredi 4 octobre 2017 , Christophe Castaner a six minutes, soit le temps nécessaire pour parcourir le petit kilomètre et demi qui sépare le palais de l'Élysée de l'Assemblée nationale, afin de mettre en boîte un compte rendu du Conseil des ministres à destination du grand public. Costume trois-pièces gris, carreaux en camaïeu, bras droit posé sur la portière, le porte-parole du gouvernement se lance : « Bonjour, je viens de sortir de l'Élysée... » Où il est question de « gravité », à la suite de l'attentat qui vient d'être perpétré à Marseille, de justice sociale puisque le budget, étudié alors, est vécu comme un cadeau aux plus riches. On ne dit pas grand-chose en deux minutes. Mais l'essentiel semble alors, pour le ministre et ses équipes, résider dans la manière. « Je voulais que les gens se rendent compte que c'est le rendez-vous du gouvernement le plus important. J'avais envie d'en faire un moment pour les Français », plaide Clara Sabban, la collaboratrice à l'origine de cette opération de communication. Tandis que son patron martèle que le gouvernement entend « lutter pour la sécurité des Français », elle se cache sur le siège arrière, avec l'officier de sécurité. Une répartition des places qui a nécessité deux semaines d'intenses négociations. Car un ministre n'est pas censé prendre le siège du mort, mais toujours monter à l'arrière du véhicule. Dérogation obtenue à Matignon. Il a aussi fallu braver le scepticisme du Service d'information du gouvernement. Le buzz a un prix que la raison connaît trop bien. Qu'importe, Christophe Castaner a réussi son coup. Des articles relatant sa prestation fleurissent sur la Toile. Coup double, même, puisqu'un chroniqueur de France Info le met au défi de réitérer l'exercice à vélo, cette fois. « J'ai mis mon plus beau casque pour ne pas prêter à la polémique... » Le porte-parole se prend au jeu dans les vingt-quatre heures. Nouvelles occurrences sur les moteurs de recherche. Ses équipes se frottent les mains, elles qui ont été recrutées sur ce mot d'ordre par cet inconnu du grand public et du microcosme médiatico-politique : « Je vais avoir un enjeu de notoriété évident, c'est bien que je communique. » Le cahier des charges de ses conseillers est simple : capitaliser sur son image d'élu local, qui lui permet de se démarquer dans une Macronie où prospèrent des golden-boys de la politique, tout en la dépoussiérant, pour toucher des cibles nouvelles. « Il me demande de trouver de nouveaux canaux de communication pour émerger dans l'opinion publique », témoigne Clara Sabban. C'est à dessein, d'ailleurs, qu'il a demandé ce poste au président nouvellement élu.

Ne jamais négliger l'examen, au peigne fin, de la carte électorale. Emmanuel Macron a retenu cette leçon de l'ancien monde. Aussi ne lui a-t-il pas échappé qu'au premier tour de l'élection présidentielle, il n'est arrivé qu'en troisième position dans la circonscription de Christophe Castaner, par ailleurs testé dans un discret sondage. Aux prémices du mois de juin 2017, l'un de ses lieutenants, qui rempile aux législatives, est en danger. Par ricochet, le gouvernement, comme la majorité, pourrait s'en trouver ébranlé. Plusieurs scénarios sont à l'étude : et si « Casta » se présentait à Paris, ou dans une circonscription des Français de l'étranger ? Et s'il venait auprès du chef de l'État comme porte-parole de l'Élysée ? *Niet* en cascade, l'intéressé veut être ministre et croit en sa bonne étoile, chez lui, à Forcalquier. « Avec la dynamique qu'on a, dans mon département, si je rentre au gouvernement, je ne suis pas inquiet pour les législatives. Il y a un autre effet : la fierté. Le produit est passé à la télé, donc les gens sont fiers », soutient-il. Au terme d'un suspense qui fait se déplacer un Premier ministre suffisamment inquiet pour organiser une visite, Castaner est réélu. Entre-temps, « le produit » prend soin de toujours être vu à la télé. Comme cet après-midi, où il profite de l'insatiabilité du Moloch BFM TV, en perpétuelle quête d'invités. Le « Marcheur de la première heure », désormais estampillé « proche d'Emmanuel Macron », a laissé son téléphone à recharger dans l'antichambre du studio, là où l'on équipe les intervenants de micros. L'appareil vibre. Une journaliste : « Vous devriez prendre... » Au bout du fil, Emmanuel Macron, auquel Castaner fait connaître son envie : « J'aimerais le porte-parolat et les Relations avec le Parlement. » Sujet aussitôt abordé, le soir même à l'Élysée, où un dîner réunit le Président et son Premier ministre, lequel fait observer que, traditionnellement, le ministre des Relations avec le Parlement doit être proche du chef du gouvernement. Ce Castaner, il l'a croisé tout au plus une fois, il ne le connaît pas. Emmanuel Macron, en substance : « Écoute, tu le vois. Si ça matche, ça matche. Si ça ne matche pas, tant pis pour lui. » Sans plus attendre, le secrétaire général de l'Élysée, Alexis Kohler, fait savoir à l'aspirant ministre qu'il est attendu dès le lendemain matin à Matignon, lequel, perdant rarement le nord, entend arriver armé. « Tu vas me dire ce qu'il va me dire et ce qu'il sait. » Christophe Castaner l'a compris, son salut passe par sa bonne entente avec le Premier ministre. Les premiers mois du quinquennat s'écoulent avec en toile de fond cette camaraderie revendiquée. C'est ce temps où les journaux, savamment tuyautés, se font l'écho de ce présent : un coq, prénommé « Doudou », offert par le locataire de Matignon à son ministre pour ses cinquante-deux ans. Il y a aussi ce « mon poulet » lâché devant micros et caméras, comme un gage public de proximité. L'heure est à mettre à bas les codes de l'ancien monde. Et, pour Castaner, à exister. Parole de collaboratrice : « Nous, notre jauge, c'était qu'il existe, qu'il occupe le terrain médiatique. Si certains jugent qu'il parle trop vite, la preuve d'un travail bien accompli en tant que porte-parole est justement, pour nous, qu'il parle vite. » À ce compte, qu'importe qu'il s'agisse de bonnes intuitions ou de bourdes. Et il y en a.

18 mai 2017. La marque de la nouvelle ère saute aux yeux de qui franchit, ce matin-là, les grilles du palais de l'Élysée où se tient le premier Conseil des ministres du quinquennat. À la baguette, la conseillère presse du Président, Sibeth Ndiaye, s'assure que rien ne dépasse. Pas un mot, pas une image ne doit filtrer des coulisses. La communication est verrouillée à double tour, la mise en scène au cordeau. Christophe Castaner tient son premier compte rendu de porte-parole, dans la petite salle du 2, rue de l'Élysée, cadre d'autant plus formel qu'il y arbore un air martial de circonstance pour prévenir les journalistes que, désormais, « confidentialité, discipline, solidarité » présideront à la gouvernance de l'entreprise France. Et comme il faut rassurer des Français inquiets de voir des néophytes s'emparer des manettes, il rappelle que « ce gouvernement compte dans ses rangs des parlementaires expérimentaux [*sic*] », des ministres « despositaires [*sic*] », de la promesse présidentielle. Premiers, loin d'être derniers, lapsus du reste de sa vie gouvernementale.

La ministre du Travail, Muriel Pénicaud, y gagne un encombrant surnom, « Muriel Pinocchio ». Dans cette Macronie dont les têtes pensantes ont hérité d'une appellation imagée, « Les Mormons », Christophe Castaner détonne. Qui imagine Alexis Kohler ou Ismaël Emelien badiner face caméra sur la robe « un peu trop ample » de la chanteuse Rihanna ?

Certes, il s'est quelque peu assagi. On ne verra plus ses santiags chinées au Mexique et frappées de ses initiales, « CC », sous la semelle. Il ne sortira plus cette paire de chaussures commandée sur Internet et empestant une odeur de pétrole, qui ont marqué la mémoire de ses amis, ni ses lunettes de soleil bleues à branches blanches ou ce pantalon orange, qui en avaient laissé plus d'un pantois à Forcalquier. « Ici, ça tranche », s'était dit l'ami Jean-Luc Icard. Il n'empêche. « Christophe, il n'est pas standardisé. Il s'est pointé à la convention d'En Marche avec une chemise de quasi-gardian camarguais alors que le *dress code*, c'était chemise blanche », s'amuse aussi Michel Hourie, vieux copain du ministre. « Je fais gaffe à la façon dont je m'habille. Et je peux vous parler de la tendance de l'automne pour les couleurs de vernis à ongles », crâne le ministre, qui se revendique abonné et fidèle lecteur du magazine *Elle*. Ce jour-là, dans son solennel bureau de Beauvau, une paire de baskets The Kooples flambant neuves. Son grand frère, Serge, confirme : « Il aime la belle sape depuis toujours. Quand il jouait aux cartes dans sa jeunesse, ça lui permettait d'acheter ses premiers cuirs. » Un jour de juin 2018, où il animait une réunion publique à Sète, c'est une paire de tennis, blanc éclatant, tout droit sortie de sa boîte, qui avait attiré l'attention. « On lui a mis des Veja, oui, à une époque où c'était à la mode. Cela coïncidait à un moment où on sentait qu'on pouvait se permettre d'avoir une tenue un peu plus sympa sur les déplacements. On trouvait ça rigolo, confirme un collaborateur. Et on n'attend pas d'un délégué général d'un mouvement qui essaie de désinstitutionnaliser la politique qu'il se pointe en John Lobb, cravate Hermès et costume Armani. » Lui faire porter des baskets est une chose, qu'il abandonne sa chaîne en or, cadeau de sa mère pour ses dix-huit ans, en est une autre. Combien s'y sont cassé les dents... En vrac : ses colistiers et collaborateurs de sa campagne pour les régionales de 2015 en PACA, les communicants d'En Marche, et même, murmure-t-on, Emmanuel Macron. Tous le disent : « Il n'a jamais voulu. »

Brillant au cou aidant, bien vite, Christophe Castaner est estampillé « kéké ». Les photos d'archives, témoins de sa période « mulet », ont fait le reste. « S'il fallait trouver tous les gens qui avaient une coupe de cheveux ridicule quand ils avaient vingt ans, il y en aurait beaucoup. Je ne crois pas qu'il ait l'exclusivité du mauvais goût », excuse son ami François Blouvac. Le label vient, de toute façon, de loin. Son ancien patron, Michel Sapin, dont il fut le collaborateur en 2001 et 2002, l'atteste. « Lui-même disait : “Oui, oui, je suis un kéké marseillais.” Et je l'appelais ainsi. Il parlait fort, en disait plus qu'il n'en faisait, qu'il n'en savait. C'était sa marque. Les gens l'aimaient bien pour ça. Ça met une ambiance sympa dans un cabinet, c'est plutôt drôle. C'est l'une des qualités qui lui ont permis, dans une zone de kékés, de conquérir, de garder Forcalquier. » Son frère, Serge, encore : « Il est comme ça. Il faut le voir jouer à la moune. C'est un jeu de menteurs, avec trois cartes où on annonce comme au bridge. On joue deux par deux. Et on bluffe. C'est un jeu très haut en couleur. Et Christophe est très bon. C'est un spectacle. »

Au gouvernement, cette simplicité et cette décontraction font aussi sa réussite. « Il dit des choses simples, avec des mots que tout le monde comprend, il a une grande gueule, il tente des trucs », félicite le député Sacha Houlié. À Matignon aussi, on applaudit. Ismaël Emelien, gourou de la communication macroniste au début du quinquennat, au diapason, le trouve « très bon », « parce que c'est très sincère » : « La bonne com', c'est quand elle ne vient pas masquer, pervertir, trafiquer une image, mais qu'elle montre quelqu'un sans filtre. » Sans filtre, peut-être, mais pas sans effet loupe. Certains amis, bien plus proches, le regrettent. Ainsi son mentor, Jean-Louis Bianco : « Je ne comprends pas cette coquetterie complètement inutile. Les gens sont fiers par principe d'avoir un ministre qui a la confiance de Macron, il n'a pas besoin de jouer le Provençal attardé. Il veut que les gens le prennent pour une sorte d'imbécile bas-alpin, mais cela se voit assez vite que ce n'est pas ça. »

Un coup d'œil depuis le seuil de son bureau de la place Beauvau suffit à le comprendre. Face à l'entrée, deux grandes toiles de Joël Kermarrec, peintre repéré alors qu'il officiait au cabinet de Catherine Trautmann, rue de Valois, siège du prestigieux ministère de la Culture. Sur le mur, à droite, deux gravures de Pierre Soulages, prêtées pour six mois. Un tableau rouge représentant *La Linea*, dessin animé italien des années 1970, au centre duquel un personnage écarte les bras façon Macron hurlant « parce que c'est notre projet » lors de son premier meeting, porte de Versailles. « Ça a un côté ludique, il faut un peu de second degré dans ce bureau. Il m'accompagne depuis longtemps », sourit le ministre. Autant d'œuvres venues du Fonds national d'art contemporain, qu'il s'est empressé de visiter sitôt nommé, avec pour seule contrainte l'embarras du choix. Voilà un pan de sa personnalité qu'il se garde bien d'étaler. L'intéressé, par ailleurs fondu de tauromachie, passion qu'il met aussi en sourdine, air du temps oblige, date le tournant à ses vingt-cinq ans. « C'est quand j'ai vu mon premier ballet, *Le Lac des cygnes*, à l'Opéra Bastille. Ça a été un choc. Surtout que j'y allais à reculons, pour faire plaisir à Hélène. Pour moi, c'était gnangnan », raconte cet autodidacte de l'esthétique, qui aime pousser les enceintes à fond le matin, lorsqu'il écoute ZZ Top ou Clutch. Son goût pour l'art se décline dans les brocantes, et saute aux yeux de qui pénètre dans son salon. Ici, de petites figurines rapportées d'un voyage au Mexique, là une statuette aztèque, offerte par son ami Khaled

Benferhat. Ce dernier, maire d'une commune voisine, n'en est pas revenu en voyant Castaner « s'accroupir devant elle, avant de la prendre délicatement dans les mains comme s'il portait un bébé ». « Quand il y a le symposium de la ferronnerie, il achète », affirme l'ami Jean-Luc Icard. Un élu local ne perd de toute façon jamais rien à témoigner de son soutien à l'artisanat local. Kéké, mais pas que, donc. « Je sais qu'aujourd'hui il a construit cette image autour du kéké. Je ne sais pas s'il a pensé que c'était un élément qui créait du relief autour de son personnage. Mais je ne le reconnais pas là-dedans, je ne trouve pas que ça colle au personnage. Il n'est pas pagnolesque », certifie François Blouvac.

Deux facettes, une focale. Mais pourquoi choisir la moins flatteuse ? Certainement Christophe Castaner a-t-il vite saisi qu'au sein de la Macronie, ne pouvant jouer la compétition avec les jeunes loups parisiens surdiplômés de l'ENA, Sciences Po ou HEC, ce positionnement comblait un manque. Ce visage-là, il l'abat comme un atout. Et cela ne date pas de 2017. Quelques jours après avoir retiré sa liste aux régionales, le voilà qui s'amuse devant la presse à descendre en bob une piste de ski en herbe près de Forcalquier. Deux fois. « Il fait tout pour jouer de ça, être à côté », témoigne son ancien colistier aux régionales, Christophe Madrolle. Certainement a-t-il compris, aussi, qu'il parlerait, plairait, « à la ménagère de moins de cinquante ans », comme disent les producteurs d'émissions télé. En témoigne un collaborateur de Matignon, dont la belle-mère le trouve « très beau ». Le même peste contre des critiques et moqueries qui sonnent comme un « aveuglement de classe ». « Il sait que, dans la vie politique, il faut avoir une image. Quand les journalistes ont commencé à le voir comme le kéké, d'un côté ça le faisait chier et de l'autre cela lui donnait une identité. Je n'ai pas l'impression qu'il les ait détournés de ce chemin. Si vous n'avez pas d'aspérité, vous ne prenez pas la lumière. Regardez le nombre de personnes brillantes qu'il y a, mais que l'on ne connaît pas car elles n'ont pas d'histoire à raconter », décrypte son vieil ami Christophe Clergeau. Une ancienne de son cabinet y va plus franco : « Il en fait une force. C'est une manière de se démarquer. L'image du kéké, ça lui donne aussi quelque chose de très humain, de très perceptible, de très identifiable pour les Français, pour le grand public. » Et l'on songe aussitôt à un ancien président qui vécut camouflé sous la balourdise. « C'est un peu comme Chirac qui a mis l'accent sur le fait qu'il fallait bouffer des pommes et toucher le cul des vaches. Je l'interprète plus comme un réflexe de défense qui consiste à dire : je protège une partie de ma vie », observe celle qui lui a succédé au porte-parolat du gouvernement, Sibeth Ndiaye.

Christophe Castaner sait, aussi, très bien déceler ce qui fera parler. À la question de savoir pourquoi il a braqué là le projecteur, l'une de celles qui le connaissent le mieux s'exclame : « Parce que ça a intéressé tout le monde ! Il aurait dit : “Je suis amateur d'art contemporain”, les journalistes auraient trouvé cela hyper chiant et n'auraient peut-être pas accroché à sa personnalité. » Ce n'est pas son vieux compère, le président Les Républicains de la région PACA, Renaud Muselier, qui dira le contraire. « On est très souvent, nous les gens du Sud, critiqués pour notre comportement, notre façon d'être. C'est aussi une de nos forces, parce qu'on nous sous-estime. Un peu d'accent, un peu de comportement atypique sur Paris. On n'a pas fait de grandes écoles… On ne nous voit pas arriver. Casta, ce n'est pas un ange. Il faut se méfier des gens du Sud avec l'accent et un sourire sympathique. Tous ces animaux ne sont pas là par hasard », dit-il, mi-sérieux, mi-amusé. En écho, Christophe Castaner livre une clé. Un jour d'automne 2019, après avoir poursuivi son ascension jusqu'à la place Beauvau, le ministre de l'Intérieur finit ainsi par reconnaître : « Je sais que j'ai construit un personnage, j'ai une image qui ne correspond pas à la réalité telle que moi, je la vis. »

2

L'expert des médias

Dans le grand bureau installé au rez-de-chaussée de l'hôtel de Clermont, rue de Varenne à Paris, Christophe Castaner et Gabriel Attal se font face. Le porte-parole du gouvernement mitraille son cadet de questions en singeant l'intervieweuse Élizabeth Martichoux. Le député s'apprête à plonger dans le grand bain médiatique : pour la première fois, ce tout jeune élu est l'invité de la matinale de RTL, l'un des rendez-vous politiques les plus suivis. Il n'a pas encore trente ans, la pression est grande. S'il se prête ce jour-là au jeu du mime, c'est que son aîné l'aide à se préparer. Coaching d'expert, le porte-parole du gouvernement connaît sur le bout des doigts les techniques de la journaliste de RTL. « Martichoux, c'est douze à quinze minutes. Et quinze questions à la queue leu leu, sans chercher de cohérence. Elle va rebondir si elle sent une faiblesse. » Il devine les questions pièges. « Je pense que tu vas avoir un volet sur le parti et l'absence de démocratie. » En vrac, celui dont certains de ses conseillers parlent comme d'un

« homme de scène », livre ses « trucs ». Ne pas hésiter à prendre une pause avant de répondre, parce que cela « montre que ce que l'on dit vient vraiment des tripes et que cela permet de capter l'attention » ; garder un niveau de langage cash, ne pas tomber dans la langue de bois « avec des termes que personne ne comprend ». Et l'on songe aux acteurs. La technicité, dit-on, permet justement de ne pas sembler jouer. La leçon se poursuit lorsque le député fait face à une autre intervieweuse réputée, Léa Salamé, sur France Inter. Sitôt le micro éteint, un SMS de « débrief » tombe sur le téléphone du « jeune padawan », comme l'appelle le ministre. Sur le fond, « c'est nickel », les mots sont jugés « fermes et bien calibrés ». Sur la forme, il reste des marges de progression, mais ce début est, à croire le maître, prometteur. Castaner à son cadet : « Un débit de mitraillette. Je sais, c'est la peur d'oublier quelque chose. Il faut que tu te réécoutes pour le constater et le maîtriser. Si tu t'écoutes, compte aussi tous tes *euh*... C'est normal, mais tu dois travailler à les maîtriser. Tu en garderas quelques-uns, mais tu dois le combattre. C'est violent à l'oreille et ça laisse la place au doute. » Dernière recommandation : « Ne pas rebondir sur les questions avec les mots du journaliste. » Attal conserve une fidélité sans faille à son ancien coach. Il n'est pas le seul que le ministre entraîne à l'exigeant exercice de l'interview politique. À la veille de son premier plateau dominical sur France Inter, il déjeune avec la prochaine secrétaire d'État aux Affaires européennes, Amélie de Montchalin. Le député Sacha Houlié, lui, témoigne : « Il envoie des éléments. De temps en temps, il nous dit : “Tu as été bon sur un truc.” Il a un côté grand frère. » Il la joue désormais expert, Castaner, mais, quelques mois plus tôt, il était encore dans la peau de l'élève.

Un jour ensoleillé de septembre 2016, alors que le macroniste Benjamin Griveaux et l'animateur Laurent Fontaine « brunchent » au Select, le second demande au premier : « En quoi je peux aider ? » Ancien assistant parlementaire et conseiller en cabinet sous François Mitterrand, tendance Rocard, l'homme est essentiellement connu pour avoir présenté, en duo avec Pascal Bataille, l'émission « Y a que la vérité qui compte », au début des années 2000. Mais il verse désormais dans le conseil en communication. Surtout, il est adhérent d'En Marche et a envie d'apporter sa pierre à la campagne qui s'annonce. Griveaux lui répond en substance ceci : « On a peu de moyens, il y a pas mal de porte-parole potentiels, qui n'ont jamais fait, ou peu, de télé ou de radio, qui se retrouveront face à des gens beaucoup plus habitués des débats. » Et c'est ainsi que Laurent Fontaine atterrit au QG de campagne d'Emmanuel Macron face à Corinne Erhel, Richard Ferrand, Benjamin Griveaux et Christophe Castaner. À ce stade, aucun d'eux ne fait partie de la caste des poids lourds politiques, pour qui l'exercice relève de la routine quotidienne. Il y a du travail. Fontaine connaît les us et coutumes de la vie en politique, comme sur petit écran. Il a, en outre, l'habitude de gérer la première expression audiovisuelle d'anonymes, ceux qui défilèrent sur son plateau, séparés par un rideau qu'ils décidaient ou non d'ouvrir pour se livrer, ou non donc, à des retrouvailles lacrymales. Il y va à la schlague. Parfois, ses élèves apparaissent contents d'eux. Il les rembarre. Benjamin Griveaux ? Qu'il se montre moins sarcastique. Christophe Castaner ? Le problème est dans le look. « Il faut que tu mettes une cravate sur les plateaux. Si tu veux faire ministre, il faut que tu en aies un minimum la tête ! » L'élève a conservé ses notes : « Son propos était de dire : Macron est seul. Il va être président grâce à lui-même. Mais un jour les gens vont se poser la question : qui l'entoure, qui va être ministre ? Et il faut que vous les rassuriez. Il faut qu'on voie autour de lui d'autres personnes. Il avait regardé des vidéos de mes interventions. Il a attaqué en disant : “La barbe de trois jours, l'accent provençal et la chaîne en or, ça fait trop.” Donc il faut enlever quelque chose parmi les trois. Et c'est ainsi qu'il pose le fait que je dois mettre une cravate. Depuis, je n'ai plus fait un média sans cravate. Je trouve que son analyse était très intelligente. » Laurent Fontaine se prend d'affection en retour pour Castaner, au point de devenir son « ami », un « mini-visiteur du soir », dit-il, avec lequel il continue d'échanger régulièrement une fois devenu ministre, puis patron du parti. « J'ai cherché quelles étaient ses ambitions, ce qu'il voulait faire, et le mettre raccord avec le fait de représenter un candidat social-démocrate », explique l'animateur. Ses conseils, « respecter un adversaire dans un débat, ne pas s'emballer, ne pas rentrer dans des chicaneries, ni se laisser aller face à des gens qui savent très bien vous faire sortir de vos gonds, face à des médias qui cherchent absolument la petite phase, où les débats sont organisés pour faire du spectacle plus que pour informer les gens ». Laurent Fontaine trouve face à lui un apprenti réceptif. Les médias, la communication, le député-maire de Forcalquier adore cela.

Loin de cette image, qu'il a contribué à forger, d'élève dilettante, plus habitué des arrière-salles de cafés que des premiers rangs de la classe, Christophe Castaner a une passion ancienne pour la presse. Il raconte avoir, alors qu'il était élève de quatrième, fait le siège de ses parents pour obtenir un abonnement au journal *Le Monde*. Ses frères n'en conservent aucun souvenir et, dans un premier temps, se montrent dubitatifs. Mais, à Manosque, tous deux croisent cet ancien prof d'anglais qui se plaît à raconter que son jeune élève se baladait dans les couloirs du collège avec le quotidien du soir dans la poche. « J'ai du mal à le croire, parce que je ne me souviens pas de voir Christophe extrêmement intellectuel en quatrième. Que ce soit mon grand frère, Serge, Christophe ou moi, on n'était pas de très, très bons élèves… *Courrier international*, oui. C'est lui qui me l'a fait découvrir. *Le Monde*, en revanche, j'ai du mal à l'imaginer », rapporte Marc Castaner, pas loin de penser que son benjamin a aussi très bien pu vouloir se donner un genre. Qu'importe, une légende familiale est née.

Ado, le futur député caresse l'ambition de devenir journaliste. Ce rêve devient, pour une poignée d'années, 1985 et 1986, réalité lorsqu'il pige comme correspondant à Manosque pour *Le Provençal*, journal régional tout acquis à la cause de l'emblématique maire PS de Marseille, Gaston Defferre. Le ministre se souvient de ces deux intangibles : « ne pas critiquer l'OM », dont il n'est de toute façon pas un supporter, et ne « surtout pas parler de Michel Pezet, l'opposant historique de Gaston Defferre ». Une certaine idée de l'information et de la liberté de la presse. Dans le cahier *Communes*, où il officie, il n'est de toute façon pas question qu'il signe sur la politique. L'aventure ne dure pas. La politique, il ne la chroniquera pas, il en fera.

C'est ainsi que, devenu maire aux prémices des années 2000, Christophe Castaner développe un TOC : parcourir chaque jour, dès l'aube, le quotidien régional *La Provence*, pour voir si sa photo figure dans les pages. Aujourd'hui encore, son rituel, l'une des premières choses qu'il fait lorsqu'il ouvre les yeux, avant même de se lever, consiste à télécharger les PDF des journaux, qu'il dévore dès 5 heures du matin. La presse écrite aussi, Christophe Castaner en connaît les codes. Il sait y faire, lui qui est accusé de trop parler, soupçonné de distiller des *off* peu amènes à l'égard de ses camarades. « Je ne veux pas faire de la psychologie de bazar, mais c'est un enfant mal-aimé. Il a toujours besoin de tirer la couverture à lui. Et s'il peut dézinguer au passage un copain pour prendre sa place dans le cœur d'un tiers, il le fait sans doute… », devise l'un de ceux-là. Au début du quinquennat, cela lui vaut, dans une ambiance à couteaux tirés, une franche explication avec le président du groupe LREM à l'Assemblée, Richard Ferrand, qui lui reproche d'alimenter les journaux en échos malveillants. Aujourd'hui encore, lorsqu'un hebdomadaire publie un propos indiscret grinçant sur les atermoiements de Laurent Nuñez à la veille des municipales, un membre du commando de la campagne s'esclaffe, y décelant ses traces de doigts... « Ce qui est sorti sur le thème : "Un jour Nuñez va à Marseille, un jour il va à Bourges", ça, c'est du Christophe. C'est sûr. C'est évident, c'est signé. C'est quelqu'un qui joue avec la presse. Il en connaît les codes, les règles, les acteurs. Il a une forme de rapport utilitariste avec les médias. » Ce qui lui revient parfois comme un boomerang. L'expertise n'exclut pas les dérapages ou les boulettes, pas plus qu'elle ne prémunit de la tentation d'embobiner.

Ce mardi 24 juillet 2018, dans la torpeur de l'été et le huis clos des jardins de la Maison de l'Amérique latine, les parlementaires de la majorité et le gouvernement assistent, au grand complet, au plaidoyer *pro domo* d'Emmanuel Macron. Le Président est résolu à faire taire ses contempteurs et torpille les « fadaises » disséminées dans la presse. « Alexandre Benalla, bagagiste d'un jour, n'a jamais occupé ces fonctions dans la durée. Toutes ces choses qu'on a entendues ces derniers jours... Les mêmes vous disant tout et n'importe quoi, sans que cela les fasse s'interroger sur eux-mêmes... » L'assistance rit, et Christophe Castaner avec elle. Il feint d'ignorer, tandis qu'il se tient là, debout parmi ses pairs, qu'il est à l'origine du « tout et n'importe quoi » sur les supposées activités de bagagiste de l'ancien garde du corps. Lui, Christophe Castaner, qui avait donné le sentiment d'être aux abonnés absents, dans les couloirs ou à la buvette mais jamais dans l'hémicycle de l'Assemblée nationale, a souhaité monter au front sur les chaînes d'information en continu. « J'ai entendu dire qu'il avait la charge de la logistique, notamment des bagages », répète-t-il sur CNews et BFM TV, en évoquant la participation du collaborateur de l'Élysée à la soirée organisée pour le retour victorieux de l'équipe de France de football après la Coupe du monde en Russie. Tentative, grossière, de minimiser. Car Christophe Castaner n'ignore rien du rôle d'Alexandre Benalla, pas plus que des moindres détails de l'affaire qui secoue cet été-là le sommet du pouvoir. Et pour cause : alors délégué général du parti, il est l'employeur de son compère du 1er mai, Vincent Crase. Dès le 2 mai, Castaner est informé de leurs exploits, place de la Contrescarpe. Un vigile du parti lui transmet la vidéo du passage à tabac de deux manifestants, sitôt celle-ci arrivée sur son smartphone. Il n'en dira rien. Lorsqu'il évoque, sur les chaînes d'information en continu, ses activités de « bagagiste », il tire sciemment un fil. Le soir du retour des Bleus à Paris, Alexandre Benalla est bien, comme d'autres membres de la chefferie de cabinet, dont François-Xavier Lauch ou Rodrigue Furcy, dépêché pour s'occuper du paquetage des joueurs. Ces derniers avaient prévu de séjourner au Crillon, mais les chambres n'ont pas été réservées en nombre suffisant dans le palace, pas plus qu'une salle n'a été prévue pour stocker les affaires des cent soixante et un membres de la délégation tricolore. Voilà comment les collaborateurs de l'Élysée se retrouvent, fait exceptionnel, avenue de Marigny, à mettre les familles des joueurs, et leurs bagages donc, dans des taxis commandés *via* le compte G7 de l'Élysée. De là à dépeindre Benalla en bagagiste… il y a un pas, que le ministre franchit allègrement. « C'étaient les éléments de langage de l'Élysée », se défausse-t-il.

Il n'a, tout compte fait, officié que six mois et sept jours comme porte-parole, mais ce semestre a suffi à ses conseillers pour remplir leur mission, la notoriété est désormais chose acquise. Sa soif d'exister ne semble pour autant pas étanchée. Si Narcisse se mirait dans le reflet de l'eau, souvent Christophe Castaner donne le sentiment de se regarder dans le journal. Illustration marquante, par ce que beaucoup considèrent comme un « ego trip » déplacé. Le 15 avril 2019, à Paris, Notre-Dame flambe. Le ministre de l'Intérieur, lui, est à Mayotte, dans un hôtel, où il échange avec des militants de La République en marche. Pas de vacance pour autant. À Paris, Laurent Nuñez, avec lequel il est en contact permanent, gère la crise et se rend sur place. Mais Christophe Castaner trépigne de ne pas en être. Il le reconnaît lui-même : « Je le vis comme une frustration de ne pas être là, c'est dur de ne pas être aux côtés des hommes. Et puis, il y a cette initiative de rassembler l'ensemble des cultes. Et comme ministre des Cultes, on pense que je dois être là. Dans ma vie perso, j'ai été catholique pratiquant, j'ai servi la messe. Je me suis éloigné de la religion quand j'étais scout, mais, à ce moment-là, il y a cette dimension. » Frustration si intense que, arrivé en vol commercial, il mobilise un avion militaire format jet privé pour le ramener à Paris dans la nuit, *via* Djibouti. « Ça fait cher le direct », tacle un familier de Beauvau. Sitôt sur les lieux du drame, il publie, sur son compte Twitter, une photo de lui, posant de dos dans un impeccable costume au cœur de la nef dévastée. Esthétique mais polémique, tant la mise en scène tourne autour de sa personne. « D'abord, je ne percute pas. Je voulais une photo de recueillement, se défend-il *a posteriori*. Est-ce que vous pensez que je gère mon compte Twitter, que je valide les photos qui y sont postées ? » Cela arrive pourtant. On l'a vu faire, relisant un micro-message rédigé par son conseiller en communication, ce jour de novembre 2019 où une série d'incendies avaient frappé des lycées nantais. « Christophe, c'est quelqu'un qui cherche toujours un peu à faire le buzz. Il est très fort sur ça. Moi, je ne sais pas faire, je lui demande des conseils ! », s'amuse son ami, le sénateur Jean-Yves Roux.

Ses intimes, famille et amis, souffrent avec lui, et même tempêtent, lorsque les médias pointent ses bévues et défaillances. Sa femme, Hélène, a décidé de couper son poste de télévision, pour rester sourde aux chaînes d'info. *Idem* chez Serge et Marc Castaner. Reste que tous, moins familiers de l'âpreté du monde politico-médiatique que leur « Christophe », semblent connaître l'actualité sur le bout des doigts lorsqu'ils brandissent des exemples de ce qu'ils vivent comme un traitement injuste. « Avec les chaînes d'info, les médias, tels qu'on les voit, je pense qu'il n'y a plus grand monde qui voudra faire ministre de l'Intérieur. Les critiques en permanence... Quand il était porte-parole du gouvernement, tout le monde l'aimait. C'était vachement sympa. Là, quoi qu'il se passe, on le met en cause alors qu'il n'y est pour rien. Mais il ne peut pas être responsable de tout », le dédouane Marc Castaner, avec l'emportement et la mauvaise foi d'un grand frère, oubliant qu'il s'est aussi servi des médias pour son ascension. Sa famille le reconnaît, « quelque part, Christophe s'est dit qu'il avait besoin d'asseoir sa légitimité, d'être reconnu, plus que les gens issus du sérail. Et la presse peut vous aider à cela ». « L'exercice médiatique, il adore ça. C'est grâce à ça qu'il a réussi à émerger pendant la campagne. À ce moment-là, il sait que c'est sa force », renchérit son ancienne collaboratrice, Clara Sabban. Un amour vache, alors. Un voyage à deux, fait de hauts et de bas. « Cette reconnaissance médiatique, être aimé, c'est un truc extrêmement important chez lui, confirme Laurent Fontaine. Il est conscient qu'il fait partie de la société du spectacle, et il en tire une petite jouissance. Je ne sais pas dans quelle résilience il est. Mais tous ceux qui font de la télé, qui ont choisi la voie de la spectacularisation, l'animation, la chanson, ont des souffrances terribles. » Son ancien colistier des régionales, Christophe Madrolle, pointe « un problème de reconnaissance ».

Point sensible, et visiblement douloureux, réveillé quand des bémols s'expriment dans les articles. Ainsi, en juin 2018, long silence radio après un reportage sur l'un de ses déplacements à Sète, comme délégué général de La République en marche. L'auteure avait raconté une réunion publique en plein air en demi-teinte, devant un parterre de militants, pour certains mécontents, et dans l'indifférence des passants qui, pour beaucoup, ne savaient pas qui devisait ainsi sur la place Léon-Blum. Explication de ses équipes, après plusieurs semaines de coups de fil et SMS ignorés : « Il est fâché, déçu. Il est très dans l'affect. » Narcisse, dit-on, se perdit dans son reflet. Castaner, lui, peut se fâcher contre le miroir si l'image renvoyée ne lui convient pas. « Il y a ce rapport particulier entre politiques et journalistes basé sur les trois "l" : lèche, lâche et lynche. Je sens bien dans mon cas qu'il y a une différence entre l'*intuitu personae* et l'objet ministre de l'Intérieur. Ce qui me rassure un peu… », devise-t-il. Pour son dernier compte rendu de porte-parole, il avait commandé à un pâtissier d'Aix-en-Provence des macarons gravés « Merci pour ce moment », clin d'œil qu'il comptait partager avec les journalistes. Pareille initiative aurait été perçue comme une attaque gratuite contre François Hollande. Cette fois, Christophe Castaner s'est ravisé. Les macarons, il les a finalement mangés.

3

L'empressé de la PP

Dans la cour de l'hôtel de Beauvau, les moteurs des berlines tournent déjà. Le cortège est prêt à s'élancer dans la minute pour l'aéroport de Villacoublay, où un avion militaire attend le ministre. Direction : la Turquie. Christophe Castaner y est attendu, ce 3 octobre 2019, pour rencontrer son homologue et le président Erdogan, afin de discuter de brûlants sujets migratoires. Tandis que les journalistes embarqués pour ce déplacement poussent la grille du ministère, une voiture passe en trombe. « Vous venez de rater le ministre », leur dit-on à l'entrée. Le scénario de la journée a soudainement déraillé. Une agression au couteau vient de se produire à la préfecture de police (PP) de Paris, à l'heure du déjeuner, le brouillard est encore loin d'être levé. La France est-elle une nouvelle fois rattrapée par l'ombre du terrorisme ? On ne sait pas encore s'il y a des morts, on murmure même qu'il pourrait s'agir d'une montée de tension sur fond de rivalité amoureuse. Mais on parle là du saint des saints. Quoi qu'il se soit passé, le ministre de l'Intérieur décide dans l'instant de se dérouter, direction l'île de la Cité. Prévenus à la toute dernière minute, le préfet de police, Didier Lallement, la directrice du renseignement, Françoise Bilancini, descendent *in extremis* pour l'accueillir. Il y a plus ennuyeux que cette légère entorse au protocole : car Christophe Castaner déboule si vite que les lieux ne sont pas encore sécurisés. Le déminage est en cours, comme les vérifications visant à s'assurer qu'un deuxième auteur n'est pas en embuscade. En somme, la scène de crime n'est pas figée. Un haut responsable syndical frémit en y songeant, le risque est alors celui du « sur-attentat ».

Laurent Nuñez, lui, est toujours place Beauvau où il déjeune avec les préfets de région reçus le matin même par les ministres. Le secrétaire d'État s'interroge. « Qu'est-ce que je fais ? Casta est déjà sur place. J'y vais, j'y vais pas ? » La question s'invite autour de la table, jusqu'à ce que le bilan tombe. Il est lourd. Quatre morts. Laurent Nuñez ne tergiverse pas plus. « On y va. »

Sur place, tout est confusion. À chaque recoin, des témoins de la scène, des agents, en larmes. Dans la cour, on tente de se calmer avec une cigarette. Certaines mains tremblent trop pour la porter jusqu'aux lèvres. Le procureur de la République de Paris, Rémy Heitz, est là aussi. Françoise Bilancini prévient Laurent Nuñez. Il y a du sang partout, c'est violent. « On sait tout de suite que c'est un converti et une attaque au couteau. Tout le monde pense à un attentat, même si on ne sait pas encore qu'une des victimes a été tuée par égorgement », se souvient le secrétaire d'État, encore bouleversé. Deux ans et demi durant, entre 2012 et 2015, il a officié comme directeur de cabinet du préfet de police d'alors, Bernard Boucault. L'auteur de l'attaque, Mickaël Harpon, il s'en souvient, « il portait des plis de temps en temps ». « Les agents du renseignement, je les connais tous. Je ne vois que des visages familiers. La Cité, c'est une famille. La blessée, je la connais », dit-il encore.

À l'écart de la nuée, Nuñez s'entretient en aparté avec la directrice du renseignement. « Françoise, dis-moi, c'est quand même bizarre. C'est une attaque au couteau ou pas ? » Tout le monde est choqué, mais il y a urgence à tirer les faits au clair : un attentat terroriste vient-il d'être perpétré dans l'un des sanctuaires du renseignement français ? « On ne pense pas à ça, à ce moment. Mais on ne l'exclut pas. C'est une attaque au couteau, c'est un converti. Ça clignote, quand même », relate Nuñez *a posteriori*. Christophe Castaner aussi échange avec le préfet, la directrice du renseignement, le procureur, avec les collègues de travail de Mickaël Harpon également, en état de choc. « On parlait des apéros qui étaient organisés où l'on faisait attention à ne pas prendre de porc pour qu'il puisse être là. Il y avait ces attentions-là pour l'intégrer », se remémore le ministre.

À l'Élysée, à Matignon, on perçoit immédiatement la gravité de l'affaire. « Que ce soit à l'intérieur de la préfecture de police nous dit que ce qu'il s'est passé est d'une ampleur forte », souffle un conseiller du Premier ministre. Le président, qui doit animer un grand débat sur les retraites à Rodez le soir même, décide de se rendre sur place. Édouard Philippe, parti déjeuner à l'extérieur avec un conseiller, revient à Matignon en quelques minutes et à grandes enjambées, téléphone vissé à l'oreille. Lui aussi grimpe illico dans une voiture aux vitres teintées, direction la PP. Lorsqu'ils franchissent le seuil de l'hôtel du préfet de police, boulevard du Palais, passant à proximité de la scène de crime mais sans la voir, le chaos, toujours, saute aux yeux. Les agents se réconfortent tant bien que mal devant des camions de pompiers. Le duo exécutif s'attarde auprès d'eux, échange avec le jeune policier qui a fait feu, stoppant la course mortifère de Mickaël Harpon. « On est dans un moment où tout est encore chaud. C'était fort et dur. Il y avait beaucoup d'émotion. Ils ont pris le temps, les gens étaient dans la détresse. Ils avaient du mal à réaliser ce qui venait de se passer », témoigne l'un de ceux qui les accompagnent. Une fois le Président et le Premier ministre partis, Christophe Castaner, encadré du procureur Heitz et du préfet Lallement, s'avance devant les caméras et prend la parole. Un pas derrière, Laurent Nuñez, le visage fermé.

« Ce jour, entre 12 h 30 et 13 heures, un homme, âgé de quarante-cinq ans, agent administratif, employé de catégorie C depuis 2003 au sein de la préfecture de police, s'est engagé dans un parcours meurtrier [...] Cet homme était connu dans le service, le service informatique, travaillait avec ses collègues de travail, n'a jamais présenté de difficultés comportementales, n'a jamais présenté le moindre signe d'alerte, et ce matin a commis ce parcours meurtrier », déclare-t-il. Le choix des mots, cette intonation rassurante… Rien ne laisse deviner que la piste terroriste puisse être envisagée. Tout le monde comprend même qu'elle est plutôt écartée. À sa suite, le procureur, Rémy Heitz, donne le bilan, quatre morts, et ajoute : « Nous sommes, avec mon collègue, procureur national antiterroriste, en évaluation de la situation, nous sommes en contact permanent et donc nous verrons quelle suite procédurale donner à cette affaire, à cet égard donc, sur la qualification. » Une précaution oratoire dont ne s'est pas embarrassé le ministre. Las. L'hypothèse terroriste revient, comme un boomerang, dans les heures qui suivent sur la foi de plusieurs éléments. Vingt-quatre heures plus tard, la Direction centrale de la police judiciaire ainsi que la Direction générale de la sécurité intérieure sont saisies de l'enquête par le parquet national antiterroriste. Pour Christophe Castaner, l'effet est dévastateur. À Beauvau, nul ne l'ignore. « Faut-il parler, donner des éléments d'enquête à ce moment-là ? Évidemment non, mais chacun le fait à sa façon », souffle-t-on dans les couloirs du ministère. Ou encore : « Est-ce qu'il aurait dû dire ce qu'il a dit ? On n'a pas besoin de se dire qu'on est tous d'accord sur le constat. Il aurait dû laisser le proc' parler. » Procureur qui, renchérit-on, « en saisissant le parquet antiterroriste vingt-quatre heures après, sans attendre un peu, le met dans la merde, parce que cela voulait dire que Casta racontait n'importe quoi ». Emmanuel Macron s'agace. « Il ne va pas lui dire : c'est formidable,

Christophe, chapeau ! Mais bon, à quoi ça sert de crier sur quelqu'un… », soupire-t-on du côté de l'Élysée.

Ce 3 octobre 2019, Christophe Castaner n'a pas suivi le conseil de son prédécesseur Brice Hortefeux, avec lequel il a longuement échangé lors d'un petit déjeuner fin 2018. « Un ministre de l'Intérieur doit commencer toutes ses phrases par “à ce stade”. » Ce fidèle sarkozyste a payé pour le savoir, deux précautions oratoires valent mieux qu'une. Il raconte : « Un jour d'épisode neigeux, je faisais une communication sur les chiffres de la sécurité routière. Au PC, une journaliste me demande quelle est ma réaction à la neige. J'avais prévu de communiquer plus tard, mais je réponds en reprenant les termes de sa question : “Non, non, il n'y a pas de pagaille.” Une heure et demie après, il continue de neiger. Et je sens que j'ai fait une bêtise. Je fais un communiqué, mais l'erreur, c'est de ne pas faire une télé. Le lendemain, la une du *Parisien*, c'était “Si, si, monsieur le ministre, c'est la pagaille”. C'était un truc embêtant, ça faisait déni de réalité, hors sol, au chaud à Beauvau. » De ce jour, quelle que soit la question, Brice Hortefeux n'a jamais omis d'ajouter « à ce stade ».

L'affaire prend ici un tour d'autant plus ennuyeux que Christophe Castaner œuvre en état de récidive. Car ce n'est pas la première fois que le ministre se prend les pieds dans une communication par trop hâtive et hasardeuse. Quelques mois plus tôt, la dernière semaine de mai 2019, un communiqué est venu appuyer là où ça fait mal. Un attentat au colis piégé vient d'être commis à Lyon, laissant treize blessés. Le ministre de l'Intérieur, comme son prédécesseur au poste, Gérard Collomb, en première ligne comme maire de la ville, commente à tout va, y compris arrestations et gardes à vue. Semaine où l'on verra, sur le plateau de la chaîne CNews, Christophe Castaner répondre ceci à son intervieweur : « À l'heure où je vous parle, je n'ai pas de doute sur le fait que nous avons actuellement en détention le responsable de cet acte qui aurait pu tuer. » Ce disant, il va jusqu'à préciser que l'homme est « assez peu loquace » face aux enquêteurs. C'en est trop pour Rémy Heitz, que l'on devine échaudé par deux précédents. En décembre 2018, puis en janvier 2019, le ministre a fait preuve de la même célérité pour dévoiler des éléments sur le profil de l'auteur de l'attentat du marché de Noël de Strasbourg, ou s'avancer sur l'origine de l'explosion accidentelle de la rue de Trévise à Paris. Alors, le 28 mai 2019, le procureur de Paris prend la plume pour marteler une règle élémentaire. Soit, écrit-il, qu'une enquête « est couverte par le secret et qu'en application de l'article 11 du code de procédure pénale, il est le seul à pouvoir rendre public des éléments objectifs tirés de la procédure ne comportant aucune appréciation sur le bien-fondé des charges retenues contre les personnes mises en cause ». Ce rappel à l'ordre, aux prérogatives de chacun et à la présomption d'innocence, est d'autant plus signifiant qu'il est rarissime. En creux, c'est une sévère correction. Entre les lignes, tout le monde lit qu'un ministre de l'Intérieur ne devrait pas dire cela.

Chacun a aussi en tête ce 1er mai 2019, où Christophe Castaner voit l'une de ses déclarations démenties par les faits en l'espace de quelques heures. L'affaire se passe, cette fois, dans le 13e arrondissement de Paris. Alors qu'un groupe de manifestants a pénétré dans l'hôpital de la Pitié-Salpêtrière, il réagit sans crier gare, sur Twitter puis devant micros et caméras. « Des gens ont attaqué un hôpital. Des infirmières ont dû préserver le service de réanimation, nos forces de l'ordre sont immédiatement intervenues pour sauver le service de réanimation. » Une dramatisation qui surprend jusque dans les couloirs de la préfecture de police. Problème, le lendemain, témoignages et vidéos convergent : plutôt que d'une attaque en bonne et due forme, il s'agit d'un repli chaotique pour échapper à une charge de la police et aux gaz lacrymogènes. « Quand je m'exprime, c'est après avoir entendu la directrice, le chef du service et une commissaire de police qui me racontent ça. Effectivement, je qualifie l'intrusion forcée d'attaque. Ensuite, il y a le procès médiatique », se dédouane-t-il six mois plus tard. Un proche du Président décode : « Il veut défendre les siens, comme il veut montrer que les manifestants sont des affreux, sales et méchants, parce qu'ils s'attaquent à un hôpital. Donc, il est emporté. Ça part d'un bon sentiment. Mais, politiquement, c'est imprudent. » Car il y va de la crédibilité de sa parole.

L'empressement à communiquer de Christophe Castaner n'est pas nouveau. Sa déclaration du 3 octobre 2019, à la préfecture de Police de Paris, est même soumise à un puissant effet loupe puisque, hasard fâcheux du calendrier, paraît alors le livre de Bernard Cazeneuve, *À l'épreuve de la violence*. D'une plume trempée dans l'acide, l'ancien ministre de l'Intérieur y raconte la gourmandise avec laquelle Christophe Castaner se précipite sur les micros, lors du crash de la Germanwings. Nous sommes en mars 2015. Sous l'action funeste et suicidaire du copilote, Andreas Lubitz, un Airbus A320, reliant Barcelone à Düsseldorf, vient de s'écraser sur une commune de sa circonscription, Prads-Haute-Bléone, tuant les cent cinquante passagers et membres d'équipage à son bord. Lorsque Bernard Cazeneuve, alors locataire de la place Beauvau, décide de se rendre sur place, le député demande à l'accompagner. « Sur ce sujet, rien ne peut être rendu public autrement que par la voix du procureur de la République de Marseille, écrit Cazeneuve. Les discussions se déroulent donc sans précaution, et tout ce que nous pensons et disons peut être partagé par Christophe Castaner, qui est au cœur de l'échange et semble satisfait de se trouver là, au milieu de nous. » Malaise lorsque, dans l'hélicoptère qui survole les lieux de la tragédie, le ministre de l'Intérieur s'aperçoit que l'élu prend des photos et tweete. « Un collaborateur de Cazeneuve a lui-même fait une vidéo et l'a diffusée auprès de la presse », réplique le mis en cause. Piqué au vif, il torpille en retour depuis son bureau de Beauvau : « Cazeneuve a des gants blancs, mais ce sont ses collaborateurs qui faisaient les choses. Lui a passé quelques heures sur place, moi trois jours. J'ai dormi sur place avec les montagnards. Je ne sais pas pourquoi il dit ça, il est nostalgique… » Sauf que le député ne s'en tient pas aux réseaux sociaux, lui qui répond, en fin d'après-midi, le jour du crash, à BFM TV, livrant force détails. « Je me souviens de la colère de Cazeneuve. Le fait que Castaner ait balancé des informations avant même que le ministre de l'Intérieur ne l'ait fait, c'était remonté dans tous les sens », rapporte un ancien de l'Élysée. Des années plus tard, Michel Sapin, dont le *twitto* impénitent fut le collaborateur, renchérit : « C'est ça, c'est le kéké ! C'est une scène de kéké. C'est : "Devant l'horreur, j'y étais." On se dit : "À quoi il pense ?" »

Quatre ans et demi plus tard, Castaner semble rattrapé par ses travers. « C'est un mec qui ne vit que de sa visibilité, tranche un familier du ministère qui se souvient de sa promesse d'opérer une diète médiatique à son arrivée. Mais il ne quitte jamais les médias… Son job, c'est à 95 % de la communication. » Les connaisseurs de la maison, nombreux à pointer son « erreur de débutant » à la préfecture de police, sont unanimes pour louer les mérites d'une déclaration en deux temps : une première prise de parole pour dire son émotion, assurer que l'enquête sera dûment menée, une seconde, une fois seulement que le parquet antiterroriste est saisi. En coulisses, on estime aussi qu'il n'a pas pris suffisamment de distance avec les témoignages des gens lui disant : « C'était notre collègue, il était bien… », ou de la directrice du renseignement expliquant « qu'il venait bricoler son ordinateur »… Le ministre, lui, se rend compte immédiatement de sa bévue. En privé, il peste contre cette polémique qui l'empoisonne, mais reconnaît, aussi, avoir été « idiot ». « Ils étaient tous tellement mal, j'ai voulu éviter les mises en cause. » L'enjeu est lourd et ne saurait souffrir d'imprécisions. L'institution est-elle passée à côté de la radicalisation de l'un des siens, lui-même habilité secret défense ?

Il ne s'écoule guère de temps avant que les soupçons portent sur le préfet Lallement. A-t-il voulu glisser une peau de banane au ministre, avec lequel ses rapports sont frais ? Protéger cet État dans l'État qu'il gouverne d'une main de fer dans un gant d'acier ? « Il a dû vouloir montrer que la maison était tenue ; il a dû avoir une bribe de renseignement par ses services et il en a fait une explication globale, pédagogique, rassurante. Le ministre de l'Intérieur, matin, midi et soir, il veut être rassuré. Là, vraisemblablement, il n'y a pas eu de filtre. Et Castaner en a fait son truc sans vérifier », analyse Brice Hortefeux. En clair, le locataire de la place Beauvau se serait vu servir l'explication qu'il préférait entendre, et l'aurait aussitôt achetée. L'intervention de Françoise Bilancini laisse, en outre, certains perplexes. « Ou elle donne une bonne info, ou elle donne une mauvaise info, et elle est virée dans les deux jours », résume un fin connaisseur de Beauvau. « Il n'a qu'un son de cloche. Il n'a pas ses propres canaux. Nous, à chaud, au moment où le préfet et la directrice du renseignement disent que c'est un acte de folie, on sait qu'il y a égorgement et que le type s'est converti à l'islam. On a la quasi-certitude que c'est un attentat. Il faut se méfier.

Mais Castaner, lui, il prend pour argent comptant ce qu'on lui sert. Il y va brut de décoffrage. C'est là qu'il est amateur. Il aurait pu laisser faire Nuñez », cingle le patron du syndicat SGP-FO Yves Lefebvre. Une version tempérée par cet élément, qui ne relève du détail qu'en apparence. Le procureur de la République est là, avec le ministre. Ensemble, ils ont préparé sa prise de parole.

A posteriori, l'intéressé s'explique en ces termes : « Mon expression n'a qu'une seule ambition : protéger la préfecture de police. C'est peut-être le tort que j'ai. Mais je ne veux pas laisser penser que la préfecture de police a nourri en son sein un terroriste dont elle savait qu'il était un terroriste. Je peux ne rien dire. Mais, dans ce cas, je pose le principe alors qu'à la préfecture de police ils ne sont pas capables d'identifier, de contrôler. Donc je protège la préfecture de police. Ce que je dis, c'est que la préfecture de police n'avait aucun élément et donc n'a pas fauté. Je ne peux pas laisser le doute. C'est pour ça que je reprends les expressions mot pour mot de sa collègue de travail, de sa cheffe, du préfet de police et de la DGSI, et je dis clairement qu'aucun élément ne montrait qu'il était radicalisé. D'ailleurs, depuis, aucun élément ne l'a montré. Au fond, ce que je dis est une vérité au moment où je l'exprime. Et il me semble que c'est une vérité qui est ensuite confirmée. Quelque part, j'ai dévié le fût du canon. Mais je n'aurais pas dû, car c'est moi qui prends alors les coups. Alors que la préfecture est suffisamment grande pour se défendre. » Des semaines plus tard, alors même qu'il reconnaît que « ce n'était pas l'idée du siècle », il tient sa ligne, celle d'un soutien sans faille. « La préfecture de police me dit la vérité. Dans ceux qui me parlent, personne ne me ment et personne ne minore. »

Il aurait pu ne pas avoir à dévier le fût du canon vers lui. En s'installant à Beauvau, Christophe Castaner s'est privé d'un bouclier en ne remplaçant pas le porte-parole du ministère, Frédéric de Lanouvelle, évincé au début de la crise des Gilets jaunes. Or, en cas de crise, pareil poste permet justement d'occuper les médias, le temps que la situation se démêle. Dépourvu de ce paravent, Christophe Castaner est, de fait, tout au long de sa première année à Beauvau, en première ligne devant micros et caméras dès lors que ça barde. Il y gagne en exposition, mais ce faisant prend un risque énorme. Faut-il y voir le signe qu'il a retenu la leçon ? Le 9 décembre 2019, la commissaire Camille Chaize est nommée porte-parole du ministère de l'Intérieur. « Le problème, c'est de ne pas être capable de dire : "Ce truc-là, je ne le sens pas. Je ne m'exprime pas. En fait, ils n'en savent rien." Il a commis une faute d'imprudence. Et là, il apprend », juge-t-on dans les couloirs de l'Élysée. Et pourtant.

L'émotion est considérable à Westhoffen, le 4 décembre 2019. Le cimetière juif de cette commune du Bas-Rhin vient d'être profané. Des dizaines de tombes sont souillées de croix gammées. Sur place, le ministre de l'Intérieur annonce solennellement la création d'un Office national de lutte contre la haine. Problème, il existe déjà, sous une autre appellation, « Office central de lutte contre les crimes contre l'humanité, les génocides et les crimes de guerre ». Place Beauvau, on tombe des nues. Renseignement pris, il ne s'agit pas d'une demande de l'Élysée. Personne n'était au courant, pas même Laurent Nuñez. Le secrétaire d'État est en train de déjeuner avec des journalistes, qui l'interrogent en direct. « Non, pas du tout, rétorque-t-il. Par contre, il y a une cellule qui existe, que l'on va généraliser, je pense que le ministre parle de ça. » C'est finalement l'explication que fournira Beauvau pour enrober la boulette. Sans vraiment convaincre.

Ainsi va le ministre de l'Intérieur, Lucky Luke de la communication, parlant plus vite que son ombre. Le 14 novembre 2019, lors d'un pince-fesses rassemblant les préfets, Christophe Castaner titille le préfet de Seine-Maritime. Au centre de la discussion, la gestion de la crise après l'incendie de l'usine Lubrizol à Rouen le 26 septembre 2019. Le ministre chambre le haut fonctionnaire, sur le thème « il faut revoir la communication ». Foi de participant, en cet instant, tout le monde pensait aussi à lui.

VI

L'ASPIRANT DE BEAUVAU

1

Casta, simple flic

Une fois n'est pas coutume, des mange-debout ont remplacé la vaste table ovale du salon Érignac, au rez-de-chaussée du ministère de l'Intérieur. Ambiance champagne et petits-fours en cette soirée d'octobre 2018. On s'observe, surtout, on échange des politesses, des numéros de téléphone portable. Au lendemain de sa nomination, Christophe Castaner reçoit l'ensemble des organisations syndicales de la police place Beauvau. Son équipe est là. Le secrétaire d'État nommé à sa suite, jusqu'ici patron de la DGSI, la Direction générale de la sécurité intérieure, Laurent Nuñez, aussi. La réception n'est pas le lieu de grandes annonces ; le nouveau patron de Beauvau se contente de dire son attachement aux valeurs de la police nationale, promet des moyens et s'engage à s'inscrire dans la continuité de son prédécesseur Gérard Collomb, qui a fait ses valises en catastrophe, laissant notamment deux dossiers majeurs : la mise en œuvre de la police de sécurité du quotidien et celle des quartiers de reconquête républicaine. L'heure est aux banalités empreintes de formalisme. Christophe Castaner apparaît plus raide que de coutume. Ses invités notent que leur hôte tente de se donner une posture ministérielle. « Il était très coincé », s'amuse l'un d'eux. Laurent Nuñez, qui opère une traversée du miroir, quittant la préfectorale où il naviguait jusqu'alors pour le grand bain politique, se tient un peu en retrait, manie héritée de ses fonctions passées. Ils ont chacun des raisons de manquer d'aisance. Christophe Castaner, lui, a fini par être attendu à ce poste, mais il n'y était pas prédestiné. Un syndicaliste, trivial, le résume en ces termes : « Il est puceau quand il arrive. »

Tout est à construire, sur des fondations qui le placent en équilibre instable. Ce n'est un mystère pour personne : si le remaniement a pris tant de temps – quinze jours, une éternité –, c'est que les discussions achoppaient sur Beauvau. Nul n'est dupe de l'intense lobbying mené et des concessions faites pour en arriver là : sans le statut de ministre d'État dont jouissait son prédécesseur, Gérard Collomb, après avoir dégringolé de dix places dans le rang protocolaire, amputé de la gestion des collectivités locales et flanqué d'un secrétaire d'État, car il faut bien à Beauvau quelqu'un qui connaisse les dossiers. « Onzième dans l'ordre protocolaire, c'est rare. Il faut faire attention. C'est une erreur. Dans l'absolu, cela ne veut pas dire grand-chose, mais c'est perçu par l'Administration comme voulant dire quelque chose. Généralement, les ministres de l'Intérieur sont dans les cinq premiers », relève Brice Hortefeux qui, lorsque son vieil ami Nicolas Sarkozy régnait à l'Élysée, a connu ce temps, pas si ancien, où prendre les rênes de Beauvau voulait dire mettre la main sur un portefeuille bien garni des Collectivités locales, de l'Outre-mer, de l'Immigration. Et seul. Lui avait refusé qu'on lui précipite un secrétaire d'État dans les pattes. Son lointain successeur n'a pas eu ce loisir ni d'autre choix que de souscrire à cette configuration baroque, « typique des cotes mal taillées du macronisme », rumine un ami du Président. Les cerveaux de la Macronie l'incitent, en outre, à s'adjoindre un directeur de cabinet capé, Stéphane Bouillon, haut fonctionnaire qui servit aussi bien Lionel Jospin que Claude Guéant ou François Fillon, dont il rédigeait les fiches sécurité pendant la campagne.

Le ministre échange aussi avec ses vieilles connaissances des réseaux rocardiens, l'ancien occupant du poste, Manuel Valls, ou le spécialiste Alain Bauer, guère en cour auprès du Président et dont il ne fait pas bon dire qu'on le consulte. Bauer, « ce n'est pas de l'actualité la plus fraîche. Pourquoi il s'en serait saisi ? Pour les réseaux francs-maçons qu'il n'a pas ? », s'interroge un lieutenant du chef de l'État. De liens dans la police non plus, Christophe Castaner n'a point. « Il ne connaît personne. À son arrivée, il a compté sur Laurent Nuñez pour savoir comment réorganiser la maison », témoigne Frédéric Lagache, délégué général du syndicat Alliance Police nationale. Même son de cloche côté commissaires. David Le Bars, patron du

SCPN, leur principal syndicat : « Pour moi, en tant que policier, Nuñez était quelqu'un de très identifié. Je l'ai connu comme directeur de cabinet du préfet de police, DGSI… On l'appelle le plus policier des préfets. Donc on voit un animal politique nommé avec un technicien en numéro deux. » Un animal politique qui n'arrive pas dans les habits de « M. Sécurité » de son parti. Son truc à lui, jusqu'ici, c'étaient plutôt les questions d'emploi, de finance, de développement économique et territorial. « Castaner, la sécurité, il n'y pompe rien, achève Yves Lefebvre, le secrétaire général d'Unité SGP Police-FO. Je sais qu'il a essayé de faire croire qu'il était en charge des questions de sécurité pendant la campagne. Mais il découvre. » Beauvau est une maison qui a ses codes, une administration puissante, des syndicats qui jouissent auprès des troupes d'un taux de représentativité à faire pâlir n'importe quelle centrale.

On y vit sous la pression permanente du risque terroriste. Christophe Castaner en fait l'expérience un mois et demi après sa nomination, lorsque survient l'attentat du marché de Noël de Strasbourg, le 11 décembre 2018 peu après 20 heures. Il est à l'Élysée, où le Président reçoit des parlementaires de la majorité, quand son téléphone se met à vibrer. Sur l'écran, s'affiche une série de messages, comportant des informations divergentes, sur le nombre de morts notamment. Tandis que le flou règne en maître, il faut filer à la cellule de crise. Montée en pression, l'auteur, Cherif Chekatt, est identifié, son profil examiné. Trouver le bon dosage pour communiquer en pareille circonstance n'est, on l'a vu, pas inné. L'homme est en fuite. La traque démarre. Dans l'avion qui le conduit à Strasbourg, le ministre doit trancher cette question : est-il nécessaire, opportun, qu'il se recueille devant les dépouilles des victimes ? L'enquête se poursuit, les services de renseignement œuvrent. Nouvelle interrogation, cruciale, vitale, faut-il rouvrir le marché de Noël ? Après deux jours de cavale, le terroriste est abattu. Christophe Castaner dit ne ressentir « aucune émotion ». « Ce ministère peut vous enlever cette humanité », confie-t-il des semaines plus tard. En cette mi-décembre 2018, il vient de vivre son épreuve de feu. La première d'une longue série.

Celle ou celui qui prend les rênes de ce ministère ne saurait montrer quelque signe de faiblesse, quelque déficit de légitimité. « Gérard Collomb était perçu comme quelqu'un qui avait beaucoup d'expérience, de sens pratique, qui sentait bien les trucs venir. Les reproches qui lui étaient adressés, c'est qu'il n'était pas assez présent, observe Didier Casas, le "M. Régalien" de la campagne d'Emmanuel Macron. C'est compliqué, l'Intérieur : même si Gérard Collomb est quelqu'un qui peut être parfois très autoritaire, il a mis du temps à s'imposer. Bernard Cazeneuve a réussi à s'attirer le respect des flics parce qu'il bossait tout le temps. Il connaissait tout. » Il se dit que, à son arrivée, ce dernier avait pris soin de se ménager du temps pour s'imprégner de la maison. Castaner aussi, murmure-t-on, plus bosseur que son image ne le laisse paraître, se met à niveau en bûchant. C'est ainsi qu'il apprend tous les grades par cœur. Il jure vivre cela « sans pression », et revendique plutôt un apprentissage par « immersion », des déplacements pour « humer » les choses. Au début de l'année 2019, après trois mois passés en ces lieux, il glisse, sur le ton de la confidence : « La seule question que je me pose, c'est : Est-ce que je serai à la hauteur ? Au début, c'était donc beaucoup de terrain, beaucoup de présence. Et il faut vite faire la démonstration que vous n'êtes pas là par hasard, que l'on sait de quoi on parle. »

Est-il indispensable d'être un spécialiste pour diriger la maison ? Certains, qui le sont justement, estiment qu'il ne s'agit pas là d'un prérequis. Ainsi Didier Casas, qui dresse le profil type du bon ministre de l'Intérieur : « Il est mieux de ne pas être un spécialiste à Beauvau. Ce qui est essentiel, c'est d'avoir des convictions fortes, un très grand sens de l'autorité, et la qualité qui prime par-dessus toutes les autres, c'est d'être capable d'avoir de la distance par rapport à ses fonctions, de faire la différence entre les policiers et soi-même. Les policiers exécutent et le ministre commande. Si vous n'êtes pas capable de créer cette distance respectueuse avec les troupes, vous allez toujours être à la remorque des décisions en matière de maintien de l'ordre, avise-t-il. C'est un métier dans lequel il faut être totalement paranoïaque, ne croire absolument personne. À chaque seconde, un ministre de l'Intérieur peut se faire planter. Et cela n'a rien à voir avec le fait d'être un technicien. » Manuel Valls complète le tableau, décryptage politique à l'appui : « Sa difficulté, c'est qu'il faut porter, incarner. Il a une difficulté d'incarnation. Il y a deux figures de ministre de l'Intérieur. Soit une personnalité politique très affirmée, qui a de l'autorité, la gueule de l'emploi, comme Charles Pasqua, Pierre Joxe, moi ou même Gérard Collomb. Soit le profil de la fidélité, de la proximité, avec le Président. Personne ne vous aurait dit qu'avec 5 % à la primaire [de la gauche en 2011], Manuel Valls serait au ministère de l'Intérieur. À partir du moment où Castaner prend la roue de Macron, tout lui est permis. » Les syndicats le savent : la proximité avec le chef de l'État maximise les chances d'emporter des arbitrages, notamment sonnants et trébuchants quand Bercy cherche à tenir serrés les cordons de la bourse. Cela, le ministre en est bien conscient : là encore, son lien avec Emmanuel Macron est son principal atout. « Tous les arbitrages dont les syndicats ont eu besoin, je les ai eus, jusqu'aux heures supplémentaires. Ça ne les empêche pas de râler. Gâteau avalé n'a pas de saveur, et ils sont un peu goinfres », ironise-t-il. Les syndicats, c'est l'autre carte jouée par Christophe Castaner pour s'imposer. Un atout qu'il serait bon d'avoir dans sa manche.

Neuf heures du matin, les représentants des commissaires de la police nationale rencontrent pour la première fois Christophe Castaner, Laurent Nuñez et les membres de leur cabinet. Rendez-vous est donné dans le salon du ministre, antichambre qui conduit à son bureau. Lorsqu'ils en franchissent le seuil, l'accueil qui leur est réservé tranche radicalement avec l'apparat conféré à la pièce par ses moulures dorées. Jovial, le nouveau ministre de l'Intérieur lance : « Alors, bière ou café ? » La question, gaillarde à dessein, fait taire la solennité des lieux, déride l'aréopage. Les invités rient. Puis vident leur sac des préoccupations et revendications du moment. Si Laurent Nuñez bénéficie d'un réel temps d'avance sur la connaissance des gens, et semble aiguiller le ministre qui peine encore à se repérer, Christophe Castaner, lui, met à profit sa faconde. Avec les troupes, il ne portera pas le costume trop amidonné des cérémonies officielles et interventions médias, choisi volontairement plus sombre que ce dont il avait l'habitude. Ce qui fait dire à l'un de ses « amis » de la campagne présidentielle, se gaussant de le voir emprunté : « C'est ridicule, personne n'y croit. » Non, avec les troupes, il la jouera « ambiance de commissariat », celui qui « aime la poulaille », comme dit un policier. C'est le Castaner « bon copain ». Son frère Serge ne s'y trompe pas : « La légitimité, je pense qu'il a essayé de la conquérir en allant faire ses nuits avec la BAC, des interventions avec les pompiers. C'est clair qu'il a tout mis sur la proximité, car les compétences, il ne les avait pas. »

Ainsi à Biarritz où, tandis que le mois de septembre 2019 tire sa révérence, le syndicat Unité SGP Police-FO tient son congrès annuel, raout classique et codifié. Son homme fort, Yves Lefebvre, déroule ses revendications à la tribune, le ministre y répond de bonne grâce. Surtout, sitôt posé le pied à l'espace Bellevue, vers 17 heures, il fait savoir à son chef de cabinet, mais de manière à être entendu de ses hôtes, qu'il restera manger s'il y est invité. Christophe Castaner retrouve ses réflexes de maire, se fondant dans la foule, se prêtant sans barguigner aux selfies. Qu'on lui propose une bière, il la prend, puis trinque. Qu'on lui enjoigne de boire un coup, il accepte du tac au tac, sur le mode « Je m'en fous, c'est pas moi qui conduis l'avion au retour ». À qui veut l'écouter, il lâche, sur le ton de la confidence : « Vous ne pouvez pas savoir à quel point j'en ai marre du protocole, je ne peux pas sortir pour aller aux toilettes sans qu'il y ait quelqu'un derrière moi. » Le patron du syndicat, il le tutoie, le chambre. « Je vais me mettre à ta gauche, je préfère manger à côté de ta femme que de toi ! » Un show. Et cela fonctionne. « Les flics aiment bien Casta, parce que c'est un mec qui est bonnard. Sa cote d'amour, il la doit au fait qu'il est simple. C'est comme le chef de service qui vient boire le café le matin avec sa BAC ou qui vient au pot de fin d'année. Il sera toujours apprécié. Il est dans la proximité absolue. C'est un copain, un collègue qu'on a en face de nous. Cette proximité assoit sa légitimité », analyse Yves Lefebvre, *a posteriori*. Se lançant dans un tour des tables, comme un marié à la noce, tout en prenant soin de se diriger du même mouvement vers la sortie, Castaner a même ces mots édifiants : « Je vais serrer la main aux collègues. » Son plaisir est visible, quand il évoque la standing-ovation qui accompagne sa sortie, contrairement à l'accueil plus froid reçu au congrès d'Alliance. Le même qui l'anime quand il rapporte ces propos du général Gallet, commandant de la brigade des sapeurs-pompiers de Paris, glissé lors d'un repas à la caserne de Château-d'Eau le 31 décembre 2018 : « Vous savez, les hommes vous aiment bien parce que vous nous ressemblez. » Ce à quoi le ministre lui avait répondu qu'il n'y avait pas pour lui « plus beau compliment ». Gare à l'emballement. Tout feu, tout flamme, Castaner n'a pas anticipé que ses ardeurs biarrotes mettraient le landerneau syndical sens dessus dessous. En interne, les échos de la soirée circulent entre deux grincements de dents. D'autant que, de l'aveu d'un responsable syndical, il commet « une bourde » en déduisant de sa proximité avec Yves Lefebvre qu'il peut désormais compter sur le soutien de la base. Un autre : « Certains syndicats de gardiens trouvent que le ministre est trop proche du SGP et que le SGP est trop proche du ministre. Du coup, ils se radicalisent pour se différencier. » Réaction alimentée par un ministre n'hésitant pas, depuis lors, à s'afficher à tu et à toi avec Yves Lefebvre, y compris lors de rendez-vous officiels et intersyndicaux. Il reste, relève Frédéric Lagache, qu'« il peut aller où il veut, dans n'importe quel commissariat ». Castaner s'est fait « aimer, apprécier » des troupes, car, dit le responsable d'Alliance, « il est très à l'aise avec les flics, il parle comme on peut parler ».

Mais la marge de manœuvre est délicate, et le dosage se doit d'être subtil. Didier Casas l'établit comme suit : « Un ministre de l'Intérieur doit pouvoir échanger à n'importe quelle heure du jour et de la nuit avec les grands leaders syndicaux de son ministère. C'est essentiel. Il faut avoir un téléphone rouge avec eux pour, même s'il ne faut pas en abuser, une ou deux fois, faire serrer les rangs immédiatement. Les flics qui se mettent en grève, pour l'autorité de l'État, c'est catastrophique. C'est très grave. Il faut pouvoir tirer la sonnette tout de suite et arrêter. Pour cela, il faut avoir un niveau de confiance élevée. Cela ne veut pas dire leur servir la soupe, ou leur donner des primes quand ils en demandent, parce que ce n'est pas comme cela que vous vous faites respecter. Il a besoin de sentir que le ministre est capable de faire la différence entre le moulin à prières syndical classique et l'avertissement d'un gros pépin. C'est comme toujours, si les syndicats ont le sentiment que vous les achetez, vous aurez la paix un moment, mais vous n'aurez pas d'autorité… » Des mois plus tard, Frédéric Lagache s'étonne ainsi du silence radio qui lui est opposé lorsque, en pleine crise des Gilets jaunes, mi-décembre 2018, il appelle dans un reportage du 20 heures de TF1 à un blocage des commissariats pour réclamer le paiement des heures supplémentaires. « Je me souviens qu'à une époque, quand vous éleviez la voix, le ministère vous appelait directement. » En l'espèce, pas de son, pas d'image. Le syndicaliste poursuit : « C'est le paradoxe de l'homme. Vous l'appelez, il va répondre, vous lui proposez d'aller boire un verre, il va venir. Mais, quand il y a des conflits, pas un coup de fil. » *Idem* après la « marche de la colère » de vingt-sept mille policiers en octobre 2019, manifestation rarissime dénonçant leurs mauvaises conditions de travail. « Il aurait sans doute dû, le soir, ramener tous les syndicats autour de la table à Beauvau », confie David Le Bars.

Il reste qu'en matière pécuniaire Christophe Castaner sait se montrer au rendez-vous. Décembre 2018. De mémoire de syndicaliste, rarement négociation n'était allée si vite. Tandis que les policiers sont sur-sollicités pour assurer, chaque samedi, le maintien de l'ordre dans les manifestations des Gilets jaunes, un calendrier est rapidement arrêté pour le paiement des heures supplémentaires, la bagatelle de 274 millions d'euros. À 22 heures, le ministre donne le sentiment de vouloir surseoir. « Écoutez, je ne peux pas aller plus loin, je dois voir avec Bercy, on se revoit demain et en attendant vous débloquez les commissariats. » *Niet* des trois organisations syndicales présentes, représentatives chez les gardiens de la paix, Alliance, Unité SGP Police-FO et UNSA Police. « Nous, on va casser une graine et on revient quand vous aurez négocié. » Deux heures plus tard, un message tombe sur la messagerie chiffrée Telegram : un protocole est trouvé. Un responsable syndical décrypte : « C'est le hold-up de l'UNSA, Unité SGP et Alliance. Ils sont allés chez le ministre un soir, ils ont fait monter la pression, ils ont dit : "On ne va pas se quitter sans réponse, donc on va faire une pause." Ils ont fait un coup de chantage. Je pense que Nuñez a dit à Casta : "Il ne faut pas lâcher, c'est un coup de chaud, c'est leur spécialité." Mais c'est Casta, le ministre… En l'occurrence les syndicats ont obtenu ce qu'ils voulaient. C'est la première fois dans l'histoire de la police qu'il y a un protocole signé que par les gardiens qui soit applicable à tous les actifs. Résultat, les gendarmes sont allés demander la même chose. Si les trois sont honnêtes, ils diront qu'ils l'ont joué un peu à l'envers au ministre. Mais il faut reconnaître qu'ils ont été bons. Il y a un peu de naïveté politique. Après, il faut se remettre dans le contexte de décembre [en pleine crise des Gilets jaunes], où l'on ne peut pas se permettre de prendre le risque d'avoir les flics qui mettent le genou à terre. »

Déduction, tranchante, d'un ancien de la maison : « Il achète sa légitimité. » D'autant qu'il apparaît, on le verra, comme « très en défense de ses troupes », comme dit son collègue MoDem du gouvernement, qui a pris sa suite aux Relations avec le Parlement, Marc Fesneau. Observation partagée par les bons connaisseurs des lieux. L'un d'eux, sévère : « Pendant la crise des Gilets jaunes, il a dit qu'il serait toujours derrière les forces de l'ordre. Mais le travail du ministre de l'Intérieur, c'est de commander les forces de l'ordre, et donc d'être devant, pas derrière. La posture dans laquelle il se met est celle d'une approbation systématique. On l'a vu quand il a cédé à toutes leurs revendications financières en l'espace d'une nuit dans des conditions invraisemblables. En fait, il se contente d'être le porte-voix de l'option répressive. » Même les responsables syndicaux admettent que d'autres auraient été plus prudents dans leur soutien aux policiers, moins prodigues avec les deniers. « Castaner n'a pas pu avoir cette distance.

Parfois, on est même surpris qu'il en fasse autant », avoue Frédéric Lagache, qui, évoquant la crise des Gilets jaunes et les polémiques sur les violences policières, va jusqu'à estimer : « Pendant la période Gilets jaunes, il a fait notre boulot de syndicalistes. On n'avait pas besoin de monter au créneau. Il était là ! Il a tenu des propos qu'on aurait pu tenir nous. »

Pour autant, tous sont bien en peine d'arrêter leur opinion. « Quand vous ne le voyez que là-dessus, vous ne pouvez pas penser grand-chose de votre ministre », poursuit Lagache. David Le Bars abonde : « La deuxième phase, ce sera sur les dossiers, les aspects techniques, le livre blanc, les retraites… Il a des gros trucs dans la main. Et là, on verra si ce n'est pas que de la sympathie. » Comme si, après un an, tout restait, encore, à construire.

2

Un costume pour deux

Ils s'y attendaient, Christophe Castaner et Laurent Nuñez, à cette série d'articles sur leur duo. Heureux coup du sort, pour illustrer à quel point leur couple était prédestiné, ils ont une anecdote toute trouvée. Du prêt-à-porter pour portrait croisé. Car, figurez-vous que, avant de partager un ministère, les deux hommes ont fréquenté le même tailleur, rue de Rennes, à deux pas de la gare Montparnasse à Paris. Tout à leur numéro de duettistes, ils sont trop heureux de pouvoir raconter le doublon du premier Conseil des ministres. Castaner relate la scène, qui se déroule à Beauvau, au moment où il retrouve Nuñez pour se rendre main dans la main avec lui à l'Élysée. « Je le regarde et je lui dis : "Oh putain, ta cravate, c'est Jean-Pierre ?" On avait la même. Du coup, j'ai pris celle de mon chef de cabinet. »

Leur première rencontre remonte à plus loin. Elle fut immortalisée par un cliché, pris le 27 juillet 2015 à Marseille. Elle trône dans le bureau de Laurent Nuñez.

Où l'on voit ce dernier en habit de préfet de police, escortant le président François Hollande venu féliciter les troupes après la saisie de six tonnes de stupéfiants. Un peu en retrait, le ministre de l'Intérieur d'alors, Bernard Cazeneuve, et Christophe Castaner, candidat socialiste aux régionales en quête de notoriété. « Je me souviens que j'étais à ses côtés, je le mettais devant pour qu'il soit sur les photos », raconte aujourd'hui Nuñez. Les deux hommes se saluent une nouvelle fois deux mois plus tard à Arles, lors d'une corrida, une passion commune. Puis, à l'automne 2017, alors que les services de renseignement intérieur, dirigés par Nuñez, permettent de démanteler le groupe d'ultra-droite soupçonné d'avoir pris pour cibles Christophe Castaner et Jean-Luc Mélenchon. Voilà tout le passé commun.

Laurent Nuñez, c'est un préfet au parcours atypique, d'abord inspecteur des impôts avant d'être diplômé de l'ENA à 33 ans. Il a manifestement tapé dans l'œil d'Emmanuel Macron qui le nomme à la tête de la DGSI dès son arrivée au pouvoir et, à ce titre, le voit chaque semaine autour de la table du Conseil de Défense. « Le Président me fixe une feuille de route très claire, que je pense avoir remplie, raconte Nuñez. On accroche pas mal ensemble et c'est comme ça, je crois, qu'il pense à moi comme secrétaire d'État. » Pour le haut fonctionnaire, cette traversée du miroir n'a rien d'anodin. Jamais plus, il ne pourra cornaquer une grande direction, ni être préfet de département ou de région. « Pour moi, c'est comme ça que je fais ma légitimité. Je quitte la DGSI, qui est un poste important… Mon épouse, qui avait des responsabilités dans un service de contrôle fiscal national, a dû quitter ses fonctions, car ça n'a pas été jugé compatible par Bercy. C'est un sacrifice important pour ma famille », estime-t-il. En écho, Christophe Castaner souligne qu'« il est l'un des fonctionnaires les plus brillants de sa génération au ministère de l'Intérieur et sait qu'en devenant ministre il sort de ce jeu-là ». En politique madré, le ministre ajoute : « Donc il a une préoccupation, c'est celle de la suite. » Dans le bureau du secrétaire d'État, un aquarium attire l'œil. Il abrite une pouponnière, où les bébés poissons grandissent dans une case à part, le temps d'être suffisamment costauds pour nager dans le grand bain.

Si Nuñez est là, dans ce bureau voisin de celui de Castaner, où ce dernier ne se prive pas de débarquer y compris lorsque son secrétaire d'État reçoit, c'est qu'il a accepté les conditions refusées par d'autres. Il n'a pas d'attribution ni de cabinet qui lui soit propre. Façon d'acter la prééminence du politique sur le technique, en espérant éviter les vicissitudes des derniers tandems connus, remontant aux années 1980 – Charles Pasqua-Robert Pandraud ou Gaston Deferre-Joseph Franceschi, tous minés par les mésententes et les rivalités. « Ce binôme est très complexe, décrypte un familier du ministère. Quand vous avez un secrétaire d'État qui n'a pas de portefeuille, vous vous marchez sur les pieds. La seule chose que Castaner a bien fait de faire, c'est de mettre le bureau de Nuñez à côté du sien. Car il doit prendre des décisions avec, à ses côtés, quelqu'un qui connaît mieux les choses que lui. » Instruits par l'expérience, les deux hommes, qui s'affichent le plus possible ensemble, jouent à Beauvau un remake de *Love Boat*, en français *La Croisière s'amuse*, selon l'expression d'un conseiller de l'exécutif. À l'Élysée comme à Matignon, il faut désormais prévoir deux chaises lorsqu'il s'agit des questions intérieures. Ainsi vont les entretiens hebdomadaires avec le président de la République. Gérard Collomb, pourtant doté d'une ministre déléguée, Jacqueline Gourault, en charge des Collectivités locales, s'y rendait systématiquement seul. Dans le cas présent, le tête-à-tête s'est mué en rendez-vous à trois. Jamais Christophe Castaner ne s'y rend sans Laurent Nuñez.

« Le Président sait que je ne suis pas un gars à problèmes, jure le secrétaire d'État. J'ai ma personnalité et je l'affirme à ma façon. Mais j'ai aussi la loyauté des hauts fonctionnaires. Je ne suis dans aucun jeu trouble. » L'ancien préfet a même théorisé sa posture. Quand « c'est chaud », que son ministre est en difficulté, ce qui survient plus souvent que de coutume, il se place toujours derrière lui lors de la séance de questions au gouvernement. Il n'y aurait donc, à les croire, pas l'ombre du commencement d'une bisbille. « C'est une énorme connerie depuis le début. On n'a jamais eu une engueulade, aucun désaccord stratégique. À la fois parce qu'on se connaît, parce que je sais ce qu'il m'apporte, et parce que Laurent est extrêmement respectueux et attentif, insiste Castaner. Cette musique revient dès qu'on veut m'affaiblir, où l'on explique que Laurent Nuñez fait tout et moi le reste. »

Le 10 octobre 2019, deux sièges sont donc installés à la commission des lois du Sénat. Après l'attentat à la préfecture de police de Paris, les sénateurs souhaitent auditionner Christophe Castaner. Laurent Nuñez se propose de l'accompagner. Voilà que le socialiste Jérôme Durain demande s'il est possible de consulter la fiche de poste de l'assaillant. Réponse de Castaner : « Je crois qu'on va pouvoir vous communiquer la fiche de poste. » À son côté, Nuñez se tortille. Captant ce soubresaut, le ministre tempère. « On va vérifier. » Le secrétaire d'État embraye, plus technique, un peu docte : « Elle est forcément classifiée. Tout ce qui touche à l'organisation des services de renseignement est classifié. Donc on ne pourra pas vous la communiquer. » Laurent Nuñez a beau plaider la « maladresse » – « vous savez, ce n'est pas facile, on s'est fait secouer dans les commissions » –, la scène est aussitôt perçue comme une petite leçon publique. Et peut-être, murmure-t-on, un prêté pour un rendu. Le soir de l'attentat, Paris bruisse d'une petite phrase que Castaner aurait distillée à des journalistes, rappelant que son secrétaire était en poste à la préfecture de police, comme directeur de cabinet, l'année où l'assaillant, l'agent Mickaël Harpon, s'est radicalisé… Tous deux balaient la rumeur, l'un pour s'en défendre, l'autre en espérant qu'elle soit fausse. « Je n'y crois pas », évacue Nuñez.

Ils sont bien conscients, l'un comme l'autre, de ce qu'il coûterait à chacun de donner corps aux on-dit sur leur rivalité. Les chroniqueurs de la vie à Beauvau seraient pour l'heure bien en peine de brandir une preuve tangible d'une brouille au sein du couple. Reste ce qui percole à bas bruit. Ces interlocuteurs réalisant au cours d'un échange que ministre et secrétaire d'État ne se sont pas parlé en amont. Ces moments, où l'un s'inquiète de ce que l'autre dit de lui. Ces familiers de la maison, qui susurrent, en nombre, qu'« ils ne s'entendent pas ». Force est de constater que Nuñez ne se cantonnera pas *ad vitam aeternam* à ce rôle subalterne, qu'il ne le peut vivre autrement qu'avec une pointe de frustration. L'absence d'autonomie a de quoi lasser. Par contraste, chaque faux pas de Castaner rehausse d'un cran les cotes de crédibilité et de popularité de son secrétaire d'État, installé dans le rôle de recours naturel dans le cas où son ministre prendrait la porte. « Le fait que Christophe ait des difficultés incite certains à se demander si Nuñez ne pourrait pas le remplacer. Du coup, ça grippe, ça complexifie la relation », décortique un conseiller de l'exécutif. Une goutte d'huile sur le feu, ces langues bien pendues de la Macronie, qui dépeignent le secrétaire d'État en « Iznogoud », aspirant à « être calife à la place du calife ».

À mesure que les mois passent, chacun s'avance sur le terrain de l'autre. Dans la bouche de Laurent

Nuñez, cela donne un double satisfecit : « Petit à petit, lui prend en technicité et moi je deviens plus politique. » Mais c'est bien pour le second que l'expérience ouvre le plus de perspectives. Le vrai-faux techno n'est pas si novice en politique. Il y a des années, il a fait ses armes comme secrétaire général des jeunes radicaux valoisiens, formation politique qui s'y connaît en gestion de baronnie locale. À l'Intérieur, il tisse naturellement sa toile, fort de réseaux et d'amitiés que Castaner n'a pas. Il pousse des candidatures, celle du nouveau directeur central de la sécurité publique, de la cheffe du renseignement territorial, du directeur de l'ordre public et de la circulation à la préfecture de police… Tous d'anciens collaborateurs. Sans compter le conseiller « police » de Christophe Castaner, Fabrice Gardon, ex-numéro deux de la PJ marseillaise… Un syndicaliste en déduit aussitôt qu'il ne reste plus à Castaner qu'à apposer sa signature au bas des promotions. « Il a fait toutes les nominations dans la maison police. Et ce sont tous ses potes. » L'entregent de Nuñez ne s'arrête pas là, car lui sait alimenter d'utiles relations sur la durée. Une question de caractère, de petites attentions, simple clin d'œil ou tape sur l'épaule. Combien sont-ils à raconter, sans bouder leur plaisir, qu'il ne manque jamais de répondre aux SMS qu'on lui adresse. Du Vieux-Port à la Canebière, les élus n'ont que louanges à la bouche. Ainsi, l'ex-député socialiste Henri Jibrayel. « C'est un pragmatique, il n'a déçu personne droite-gauche confondues, ni la population. On est dans l'excellence. » À droite, les compliments du président Les Républicains de PACA, Renaud Muselier, sont à l'avenant, lorsqu'il vante « un très grand technicien ». Le patron de la petite formation écolo, l'UDE Christophe Madrolle, enfonce le clou : « Christophe Castaner n'a rien construit ici. Nuñez, il vient causer, s'asseoir à côté de vous. Christophe, depuis les régionales, il ne m'a jamais fait signe. » Même petits soins avec les parlementaires de la majorité, dont le jeune député Sacha Houlié, fan de l'OM comme lui, auquel il fait visiter la DGSI en 2017 après une rencontre au stade Vélodrome. En retour, ce pilier de l'aile gauche de la majorité « facilite l'intégration de Laurent en lui présentant de nombreux députés ». En politique, on appelle cela soigner son atterrissage.

Car Nuñez n'a ni le carcan, ni les inhibitions d'un haut fonctionnaire. « Il a envie de faire de la “poloche” », confirme le ministre MoDem Marc Fesneau. En clair, aller au combat électoral, à tout le moins s'en mêler. « Il y a ce côté : je veux montrer que je suis capable de… », admet l'intéressé, né à Bourges, Marseillais de cœur. Longtemps, le secrétaire d'État balance. À l'inverse de Christophe Castaner qui a laissé le processus suivre son cours sans lui, Laurent Nuñez s'est pleinement investi dans le choix du candidat de La République en marche à Marseille. Cette fois, lors des réunions organisées à l'Élysée autour du Président, avec Stanislas Guerini et l'ami du chef de l'État, Jean-Marc Borello, un seul siège est prévu pour le contingent de Beauvau.

Le sien. Il a d'abord été tenté pour lui-même, mais la carence de trois ans, imposée aux anciens préfets pour se présenter dans la ville où ils ont exercé, a douché ses ambitions à une poignée de mois près. Force reste à la loi, à moins qu'on ne la change. En amendant, par exemple, la disposition dans le texte « Engagement et proximité » votée fin 2019 ? « Que ça ait traversé l'esprit de la Macronie de dire, on tente quelque chose, oui, confirme le patron de LREM, Stanislas Guerini. Il y avait le véhicule législatif, la bonne personnalité. On y a pensé pour Nuñez, et ça ne lui aurait pas déplu je pense. Mais on a vite considéré que ça faisait tambouille et on a écarté l'idée. On a été bons élèves. » Renoncement bien inspiré, la disposition aurait à n'en pas douter provoqué un tollé. L'universitaire Yvon Berland est finalement investi candidat du parti présidentiel à Marseille. Et voilà que Christophe Castaner propose à Guerini, sitôt la nouvelle connue, de participer à un meeting. Les vieux réflexes. De l'art de ne pas être en reste.

Nuñez a aussi l'œil sur Bourges, les élections régionales de 2021 dans le Centre et en PACA, les législatives de 2022 à Marseille… Il parle sans complexe de sa volonté de durer, « ce que je veux c'est rester auprès du Président tant que j'ai sa confiance là où je lui serai le plus utile » ; de la nécessité de se « forger une carapace, une notoriété aussi ». Pour ce faire, il lui faut parvenir à capter une part de lumière que ce poste lui refuse. « Avoir ma petite vie politique à moi, être plus autonome », comme il dit. Pour l'heure, Christophe Castaner n'entend pas assouplir les règles de la collaboration telles que définies à leur arrivée, formule qui offre le double avantage d'avoir toujours le technicien à l'œil et sous la main.

3

Un bleu face aux Gilets jaunes

Emmitouflé dans un grand pardessus noir, écharpe rayée autour du cou, Laurent Nuñez murmure à l'oreille de Christophe Castaner : « Je crois qu'il faut qu'on parte. On ne va pas trop rester, il faut qu'on les laisse bosser. » Les sourires et paroles rassurantes sont de façade, les regards, familiers au secrétaire d'État, manifestent de l'inquiétude. « Beaucoup d'inquiétude », songe-t-il, à l'heure d'inspecter le dispositif de maintien de l'ordre mis en place sur les Champs-Élysées. Nous sommes le 1er décembre 2018, au matin. Christophe Castaner serre des mains, flatte l'encolure du cheval de la garde républicaine, puis il dévoile sa ligne face aux médias. « Ma responsabilité, c'est de protéger nos forces. » Le préfet de police Michel Delpuech trottine à son côté, coiffé d'un chapeau marron. Un pan de l'avenue réputée la plus belle du monde demeure désert ou quasiment. Les Gilets jaunes se montrent peu disposés à subir les fouilles et contrôles qui confèrent aux lieux l'apparence, mais aussi l'organisation, d'une

« fan zone » de soir de Coupe du monde. La foule se masse, mais aux abords, place de l'Étoile notamment. « On s'aperçoit que personne ne rentre et qu'on a un rassemblement de gens très, très excités autour de l'Arc de triomphe. Et là on se dit : Ça va chauffer », se souvient Christophe Castaner. Le craquement des fumigènes, de premiers cris, résonnent. Ministre et secrétaire d'État décident de lever le camp. Sonnent 9 heures, et les premiers accrochages interviennent. « Des manifestants attaquent un barrage ; tout de suite, on se dit : “Houlà !” On a des gars qui ne sont même pas casqués, qui n'ont pas de bouclier. Ils n'ont rien, c'est juste pour tenir la fan zone. Et on voit que ça va être très compliqué… », souffle Laurent Nuñez.

De retour entre les murs de Beauvau, les deux hommes gagnent en quelques marches le sous-sol de l'hôtel des ministres, celui des décisions lourdes et des sales journées. Un espace sans fenêtre mais avec vue sur le cours des événements, l'attaque de l'Arc de triomphe ce jour-là. Les forces de l'ordre reculent. « Vous reprenez l'Arc de triomphe », ordonne Castaner au préfet, suivant le récit qu'il en fait. « On le reprend, poursuit-il. Et, de mémoire, il y a six allers-retours dans la journée. Mais il y a un moment où le préfet m'appelle en me disant : “On ne peut plus tenir, je fais courir un risque aux hommes.” Il me demande l'autorisation de lever. Et j'assume de la lui donner, en disant : “Pas question qu'il y ait un homme qui meure dans la violence.” C'est là qu'ils cassent la porte et entrent dans l'Arc de triomphe. » Les deux meilleurs amis de David Le Bars sont place de l'Étoile. Le secrétaire général du syndicat des commissaires de la police (SCPN-UNSA) raconte : « Ce ne sont pas des alarmistes, mais ils se sont fait très peur. Ils ont compris qu'il fallait savoir reculer, faire des manœuvres intelligentes, sinon ils auraient pu ne pas en sortir. » Le groupe WhatsApp informel qu'il administre, rassemblant des commissaires de toute la France, est en ébullition. « Ça a été très dur en province, où l'on s'est enkysté dans la violence. » Cela, le ministre le vit par téléphone et écran interposés, entre la salle de la cellule de crise, table ovale des réunions et visioconférences capitales, et celle de veille, tapissée par les écrans de contrôle qui diffusent en temps réel, et rue par rue, les instants captés par les caméras de surveillance. À Beauvau, à 11 heures, 15 heures et 18 heures, les « visio » organisées avec les sept préfets de zone apportent d'inquiétantes nouvelles. À Matignon, où le chef du pôle intérieur, Éric Jalon, multiplie les coups de fil aux préfets afin d'alimenter ses points de situation au Premier ministre, le baromètre indique l'orage. À l'Élysée, le directeur de cabinet Patrick Strzoda veille à la remontée d'informations, aussitôt transmises par ses soins ou ceux du secrétaire général Alexis Kohler, à Emmanuel Macron qui se trouve alors en Argentine pour le G20. Jusqu'en les murs du Palais, ou de Beauvau, on entend la clameur de la rue, qui rugit sa colère contre le pouvoir, le bruit sourd des explosions, celui strident des sirènes. Un parfum insurrectionnel flotte sur la capitale. Des collaborateurs ou agents se risquent à mettre un pied dehors, vite rattrapés d'un froid frisson. « Il y avait des flics encerclés avec des barricades en feu, ça cramait dans tous les sens, frémit l'un d'eux. On entendait des attaques simultanées qui faisaient caisse de résonance. C'était hyper impressionnant. » Ouvrant la fenêtre de son bureau, avec vue sur la cour de l'Élysée, un conseiller du Président est saisi par « des hurlements, des pétards, des lacrymos ». Il change de pièce, bascule côté jardin, où le ciel est assombri par les colonnes de fumées noires. « L'Élysée, c'est Fort Knox, dit-il. Cela donne une ambiance prérévolutionnaire. »

Dix-huit heures trente, dans le bureau du ministre de l'Intérieur. Le téléphone sonne. Au bout du combiné, Michel Delpuech a une voix d'outre-tombe. « Je me souviendrai toujours de ses mots, raconte Christophe Castaner. Il me dit : "Monsieur le ministre. C'est terrible." Point. » Le préfet de police dresse un tableau apocalyptique de la situation. « La pression » est notamment forte rue de Rivoli, là même où quelques instants plus tard des manifestants descellent une grille du jardin des Tuileries, qui s'effondre sur l'un des leurs. Cela, juge le ministre, « aurait pu tout faire basculer ». « On sait que, derrière la grille, il y a le jardin des Tuileries et l'Élysée. On ne sait pas ce qui se serait passé. On sait bien que les gendarmes qui tiennent l'Élysée n'auraient pas laissé les gens entrer. Vous y pensez. J'ai vécu avec cette inquiétude-là toute la journée. » En filigrane, une crainte, qui parcourt les échines des commandeurs, que les manifestations se soldent par un mort.

Ce 1er décembre a échappé à tout le monde, au sommet de l'État. « On a l'impression qu'on perd pied, au fond, se souvient un ministre. On est tous à se dire : "Où est-ce que ça va s'arrêter ?" » Stupéfiant aveu. « J'ai connu dans ma carrière des moments difficiles, comme la remise du titre de champion de France au PSG en 2013 au Trocadéro, où il y a eu beaucoup d'incidents. J'ai connu l'Euro 2016 à Marseille, les Russes qui se battent contre les Anglais, fait valoir Laurent Nuñez. Mais là, ce n'est pas la même chose, il y a une telle violence… On n'est plus dans le registre du maintien de l'ordre. On a basculé dans l'insurrection. »

Christophe Castaner est abasourdi, abreuvé le samedi soir, puis le dimanche, par des policiers, de récits de guérilla urbaine. « Il y a des témoignages d'horreur, avec des camions attaqués par deux cents personnes, des gens qui jettent des trucs à l'intérieur, on ne sait pas si ce sont des cocktails Molotov. C'étaient des gens qui voulaient tuer », accuse-t-il. Pour appuyer son propos, le ministre rapporte une discussion, celle qu'il a eue avec l'agent dont l'arme lourde a été volée ce jour-là. « Il me dit : "Monsieur le ministre, j'ai eu peur." »

Lorsque Emmanuel Macron, de retour du G20 en Argentine, atterrit à Paris le dimanche matin, Patrick Strzoda l'attend à sa sortie de l'avion, mine blême et mots de ceux qui ont craint, la veille, que la République ne tombe. Dans la voiture, le préfet raconte au Président, par le menu, cette journée au cours de laquelle le pouvoir a tremblé. L'heure est désormais à visiter les troupes, à constater les dégâts, matériels, symboliques, à l'Arc de triomphe notamment, à compter les blessés – 133, 110 côté manifestants, 23 parmi les policiers et les gendarmes. « Quand un gaillard de quarante-cinq ans vous dit qu'il a eu peur de la violence en face, vous vous dites qu'il a dû voir quelque chose de particulier », se souvient Sibeth Ndiaye, alors conseillère élyséenne, au côté du Président ce jour-là. L'échec stratégique est patent. « Un crash complet », selon les mots du syndicaliste David Le Bars. À l'en croire, Christophe Castaner propose, s'il le faut, d'en être la victime expiatoire. « Si tu penses qu'il y a une utilité à ce que je saute, je saute », dit-il en substance à qui de droit. Il n'en sera rien.

Dans la soirée de dimanche, Emmanuel Macron, sans autre option que de tirer les enseignements stratégiques du fiasco de la veille, bat le rappel auprès de sa garde rapprochée qui converge vers l'Élysée. « On a un dispositif qui n'est pas efficient, qui consomme beaucoup de forces, qui est totalement figé », convient Christophe Castaner. Dans le huis clos du Salon vert, l'inquiétude est palpable. « La peur vient plutôt de la réaction des gens par rapport à notre incapacité à gérer le maintien de l'ordre. On s'est dit qu'il fallait qu'on réagisse », rapporte un participant. Un autre complète, annonçant le changement de doctrine en passe de s'opérer en matière de maintien de l'ordre : « Pour ceux qui suivaient ça à la télévision, cela donnait l'image de l'impuissance publique. Avec des policiers et des gendarmes parfois obligés de reculer. Et ça, un gouvernement ne peut l'accepter. »

La contre-offensive est aussi médiatique. Qu'il faille y voir une volonté de dramatiser, une manifestation de panique ou d'impuissance, l'intervention de Christophe Castaner assurant n'avoir « aucun tabou » à l'idée de rétablir l'état d'urgence, dès le samedi soir sur BFM TV, est de nature à marquer les esprits. « L'un des éléments compliqués pour nous, c'est qu'il y a un milliard de vidéos vues de la perspective des Gilets jaunes. Et très peu de vidéos montrant ce que les forces de l'ordre ont à gérer », relève encore le conseiller spécial du Président, Ismaël Emelien, qui avait également avancé l'idée de laisser l'Arc de triomphe en l'état, dans ses dégâts, et d'en ouvrir les portes au public. Idée finalement abandonnée. En revanche, poursuit celui qui a depuis quitté le Palais, « c'est là qu'on décide que BFM TV va être *embedded* [embarqué avec les forces de l'ordre], pour montrer ce que ça fait que de se prendre une pluie de pavés sur la figure ».

La crise est telle qu'elle vaut bien une entorse aux conventions. Le 4 décembre 2018, le ministre de l'Intérieur convie les organisations syndicales représentatives en pleine période d'élections professionnelles, contrairement à l'usage en période de réserve. Mais il s'agit d'éviter que le samedi 8 décembre ne soit le décalque du 1er, le devoir de neutralité attendra que le calme soit retrouvé. La solennité commande. « On sait que, le samedi d'après, il y a plein de gens qui vont mettre leur tête sur la table, fait valoir David Le Bars. Côté manifestants, il y a des risques monstrueux. Il y a la crainte d'avoir des morts, ou un assaut d'une préfecture, une prise d'otages de ministre... » Les événements précipitent les conclusions d'un débat vieux comme le surgissement des black blocs, sur les évolutions à apporter à la stratégie de maintien de l'ordre qui prévaut depuis les manifestations contre le projet de loi Devaquet, endeuillées par la mort de Malik Oussekine, en 1986[1]. « Là on se dit : il faut tout changer, ce n'est plus possible, martèle Laurent Nuñez. On sait qu'à un moment on avait été trop immobiles. On n'avait pas de forces d'interpellation, pas de groupes capables de se projeter. Les commerçants ne comprenaient pas de voir les escadrons au bout de la rue à attendre pendant que l'on cassait les vitrines. » Les syndicats appellent à davantage de mobilité et une déconcentration des décisions, à l'unisson et au diapason de ce que le ministre entend leur proposer. Le défi est technique et managérial, dans un laps de temps réduit. « Et le 8, toute la physionomie change, applaudit Christophe Castaner. Il y a des émeutiers, il y a de la casse, mais la vraie différence, c'est qu'on voit systématiquement arriver les flics dès qu'un mec fait une connerie. Le rapport de force change. »

Jusqu'au 16 mars 2019. L'acte XVIII marque un regain des violences. Tandis qu'Édouard Philippe,

1. Malik Oussekine est décédé à 22 ans dans la nuit du 5 au 6 décembre 1986, après avoir été roué de coups par des policiers dans le hall d'un immeuble.

Christophe Castaner et Laurent Nuñez s'adonnent à un passage en revue des troupes, mains serrées, sourire aux lèvres, à quelques centaines de mètres de là, le chic Fouquet's est saccagé sur les Champs-Élysées. Boulevard Roosevelt, onze personnes sont blessées dans l'incendie d'une banque, propagé à un immeuble d'habitation. Il revient sans tarder au gouvernement que le changement de doctrine, opéré trois mois plus tôt, n'a ce samedi-là pas été appliqué. Un agent fait même à Castaner, selon le récit de celui-ci, une confidence en forme de révélation. « Vous savez, monsieur le ministre, c'est tout de même dommage que l'on n'ait pas eu le droit de se servir du LBD. » Les regards se tournent vers Michel Delpuech. A-t-il délibérément mis le pied sur le frein, lui qui est réputé pour sa prudence ? « Sa philosophie, c'est qu'il ne voulait pas de blessés. Donc la doctrine du laisser-faire, je vois bien, c'est sa façon d'être : éviter les violences de part et d'autre. Tant qu'il n'y avait que de la casse, il s'en foutait », veut croire un syndicaliste. Ou bien le préfet s'est-il laissé déborder par son état-major ? Le vent du boulet a soufflé non loin de son visage, le 1er décembre. Il sait, depuis lors, que ses jours sont comptés. « Le jour où on perd l'Arc de triomphe, personne ne comprend pourquoi un grand serviteur de l'État comme lui ne remet pas sa démission. Les préfets ont cette culture, grince un familier de Beauvau. Mais le Président dit : “Ne rajoutons pas de la crise à la crise, on ne va pas déstabiliser le préfet, la préfecture de police qui tire chaque semaine des enseignements de ce qui se passe." » Et puis, le 1er décembre, la stratégie n'avait-elle pas été validée par tous ? Cette fois, en coulisses, certains préparent déjà le procès en déloyauté. « On a un défaut de management, juge Christophe Castaner. La force de l'habitude l'emporte sur les instructions du ministre. C'est un homme fidèle et loyal. Mais il a laissé la machine et ne l'a pas managée. » Il faut attendre trois jours pour que, le mardi suivant, il soit limogé. Le ministre vient de griller son fusible, une défausse à un coup. « Delpuech a payé parce qu'il fallait que quelqu'un paie, se désole un haut gradé de la police. Mais c'est le ministère de l'Intérieur qui impose à la préfecture de police la manifestation sur les Champs. » Un autre familier de l'institution en appelle à une image, plus parlante encore : « On lui a fait porter le sombrero alors qu'il n'aurait dû porter que le chapeau. » Sans doute – il n'y en a guère – le locataire de Beauvau espère-t-il profiter de cette séquence, dont une bonne part se joue au-dessus de sa tête, pour reprendre une bouffée d'air. Car il est à la peine. Son escapade nocturne dans une discothèque parisienne fait les choux gras de la presse people, ajoutant la légèreté au procès en incompétence et en brutalité, sur fond de violences policières.

« Castaner l'éborgneur ». C'est ainsi qu'on l'appelle dans les cortèges, boomerang d'une assise gagnée, à défaut de légitimité et d'autorité spontanées, par un soutien sans faille aux forces de l'ordre. Cela, il l'« assume », c'est le verbe par lui choisi. Il n'est qu'à écouter ses discours. « Je ne connais aucun policier, aucun gendarme, qui ait attaqué des Gilets jaunes. Par contre, je connais des policiers et des gendarmes qui utilisent des moyens de défense », clame-t-il, sans s'encombrer de nuances, un jour de janvier 2019, depuis la préfecture de l'Aude. Les vidéos d'abus flagrants, comme cette double gifle à décrocher une mâchoire, assenée à un manifestant immobile le 1er mai, submergent les réseaux sociaux. Mais qu'importe. « On ne juge pas deux bandes concurrentes. Il y a une autorité légitime à employer la force : la police, la gendarmerie… Et elle l'utilise pour défendre les institutions, les commerces. Je considère qu'il faut sortir de cette théorie du complot », fait valoir Christophe Castaner, au diapason de l'Élysée. Au Palais, comme à Beauvau et même à l'Inspection générale de la police nationale (IGPN), pourtant dite « police des polices », cette ligne trouve une édifiante illustration sémantique dans le refus même de l'expression « violences policières ». « Je n'aime pas le terme », admet Emmanuel Macron lui-même, début 2020, en marge de ses vœux à la presse. La formule induit, dit-il, l'idée « d'un camp contre un camp » qu'il réfute : « La police, ce n'est pas un camp » mais « des gens qui s'engagent […] pour vous protéger et faire respecter l'ordre public et les lois de la République ».

Le décompte du journaliste David Dufresne au 1er janvier 2020 est formel : vingt-cinq personnes ont été éborgnées depuis le début du mouvement des Gilets jaunes, cinq ont perdu une main, une a été amputée d'un testicule, une a perdu l'odorat et une « dizaine » de manifestants ont eu d'autres blessures graves, à la mâchoire ou au pied… Au total, le reporter indépendant a recensé près de neuf cents cas de violences, essayant, en vain, de rencontrer le ministre pour échanger sur la question. « Je crois que le travail des enquêtes et des juges est plus solide », rétorque Castaner, renvoyant vers l'IGPN, dont la directrice nommée par ses soins a été saisie de plus de trois cents enquêtes judiciaires pour des violences policières présumées. « Que l'Intérieur soit capable de chiffrer au tir près combien de projectiles (LBD, lacrymos…) sont employés, mais incapable de nous dire le nombre et la nature des mutilations, laisse pantois, soupire David Dufresne. Jamais je n'ai considéré que mes signalements se substituaient au travail, nécessaire, de la justice. Il se situe en amont, comme tout lanceur d'alerte. On peut simplement émettre des doutes quant à l'indépendance de cette justice qui instruit sur la base des enquêtes de… la police des polices. Castaner le sait mieux que personne, lui qui a refusé toutes mes demandes d'entretien. »

Ses anciens amis socialistes aiment à rappeler que le rôle d'un ministre de l'Intérieur, *dixit* un familier de Beauvau, « est de commander les forces de l'ordre, et donc d'être devant, pas derrière ». Ils se plaisent aussi à louer la poigne d'un Bernard Cazeneuve, qui n'affichait pas tant de proximité avec ses troupes. Qu'on lui soumette ces observations, et Christophe Castaner lâche ses coups. « Mais il a fait quoi, Cazeneuve, à Sivens ? Il y a eu un mort, s'indigne-t-il au souvenir de la tragédie

Rémi Fraisse[1]. Moi, j'ai eu cinquante-cinq mille manifestations, et pas un mort. J'aime bien les gens qui ont des théories. Mais, quand on a été acteur, il faut éviter de négliger ses propres actes pour faire de la théorie. » Ce bilan est toutefois contesté, après le décès, en décembre 2018 à Marseille, d'une octogénaire blessée par une grenade lacrymogène alors qu'elle fermait ses volets.

Le dessert vient à peine d'être servi dans les salons de la place Beauvau que la présidente de la commission des Lois de l'Assemblée nationale, Yaël Braun-Pivet, claque la porte sur un coup de sang. Au terme d'un dîner à parler de tout et de rien, Christophe Castaner a un plat assez indigeste à faire avaler à ses convives : la loi anticasseurs. « Un texte mal écrit, mal ficelé, anticonstitutionnel », assassine un député présent, ce 22 janvier 2019 au soir. L'enjeu est ailleurs. Il en va de la parole du Premier ministre, qui s'est engagé à reprendre cette proposition de la droite en direct au journal télévisé quinze jours plus tôt. Il en va, aussi, de l'image de l'exécutif, poussé dans ses retranchements, et bientôt accusé d'avoir sous-estimé la situation. « Il y a une pression populaire incroyable. On nous dit : "Sévissez, restaurez l'autorité de l'État." Christophe a cela en tête, et pour lui c'est important qu'on aille sur

1. Militant écologiste, Rémi Fraisse est mort le 26 octobre 2014, à 21 ans, après un tir de grenade offensive, effectué par un gendarme, lors d'une manifestation contre le projet de barrage de Sivens.

ce sujet », ajoute un convive. Autour de la table, les députés de la commission des Lois LREM et MoDem bousculent Castaner, rejetant à toute force l'article 1er, qui vise à instaurer des périmètres de sécurité autour des lieux de manifestations. Le ministre insiste, somme de défendre le gouvernement. En vain. Lorsque, le café servi, Yaël Braun-Pivet, rattrapée par ses remords, réapparaît, le directeur adjoint de cabinet, Simon Fetet, dépose une version amendée du fameux article sur la table. « En fait, ils se foutaient de nous. Ils avaient juste un peu déguisé la mesure », achève notre convive. Alors, les députés tempêtent de concert. « Vous ne nous avez pas compris, on ne prendra pas l'article 1 ! » Le lendemain, la rapporteuse du texte, Alice Thourot, met sa démission dans la balance. L'article est finalement réécrit. Et, quatre mois plus tard, le Conseil constitutionnel censure la disposition phare de cette loi, les interdictions administratives de manifester. « Je ne sais pas si tout cela était nécessaire. Je vois assez bien un préfet de police ou un autre arriver dans le bureau du ministre en disant : "Si j'ai pas ce texte, je ne peux pas vous garantir que je suis capable de maintenir l'ordre..." C'est l'inversion de la priorité, soupire un habitué de ces arcanes, par ailleurs proche du pouvoir. Quand vous êtes dans une position mentale où vous laissez gouverner votre décision par l'Administration, évidemment vous allez suivre ça. En réalité, ce n'est pas dans ce sens-là que ça doit marcher. Sinon, c'est sans fin. Car vous aurez toujours des types plus violents, plus armés. En face, vous aurez toujours des flics pour dire : “Si j’ai pas ça, je peux pas.” Et donc, vous allez continuer sans cesse ? Ça ne marche pas. C’est très périlleux comme situation. »

Dans la nuit du dimanche 5 janvier 2020, à 3 h 30 du matin, Cédric Chouviat rend son dernier soupir à quarante-deux ans. Deux jours auparavant, dans la matinée du vendredi, il avait été victime d’un malaise cardiaque, doublé d’une asphyxie après avoir été plaqué au sol, casque sur la tête, par trois policiers. Lors de ce contrôle routier, motivé, disent les policiers, par un usage du téléphone en conduisant et par un comportement « agressif », son larynx est fracturé. Trois jours plus tard, au musée des Arts forains, décor fantasmagorique où manèges et jeux de foire s’exposent sous une lumière tamisée, Christophe Castaner présente ses vœux au syndicat UNSA Police. Là, devant le ban et l’arrière-ban des directions de service, dont la patronne de l’IGPN, le ministre convoque, en pensée et par quelques mots, la mémoire de Cédric Chouviat. Il le martèle à l’issue, l’« enquête a révélé des éléments qui interrogent gravement ». Un ton, une posture qu’on ne lui connaissait pas, doublés d’un message de fermeté. Dans son ode à « l’exemplarité », le ministre songe non seulement aux « conditions dramatiques » de l’interpellation du livreur, mais aussi « au comportement de chacun, à commencer par vos chefs ». L’atmosphère perd en degrés lorsqu’il annonce dans le même temps le limogeage de Jean-François Illy, directeur départemental de la sécurité publique des Alpes-Maritimes, visé par une enquête administrative. On a connu vœux plus chaleureux. Même son entourage proche le reconnaît, le ministre apparaît « plus prudent, plus réservé et moins en défense des troupes ». Faut-il y lire un tournant dans l'exercice de ses fonctions, le signe qu'il gagne en assurance et donc en autorité ? « Avec les Gilets jaunes, on était dans quelque chose de l'ordre insurrectionnel, il était très en soutien des forces de l'ordre. Je ne pense pas qu'il le regrette, glisse un proche. Là, un père de famille décédé lors d'une arrestation, il y a possiblement un sujet. »

Ce qui se joue, en ce début de l'année 2020, est un peu plus compliqué que cela. Car ce n'est pas tout. Une série de vidéos soulèvent l'émotion au-delà des réseaux sociaux. Sur l'une, une fluette jeune femme, ayant visiblement pour seul tort de passer par là, s'étale de tout son long sur le trottoir, à la suite d'un croche-pied intentionnellement délivré par un policier. La scène est filmée le 11 janvier à Toulouse, lors d'une manifestation contre la réforme des retraites. Elle est de nature à frapper les esprits. Il y a aussi cette séquence, montrant un manifestant touché à bout portant par un tir de LBD à Paris. Ou cette autre, dans la capitale toujours, au terme d'un défilé Gilets jaunes achevé dans la tension le samedi 18 janvier, où l'on voit un manifestant au visage ensanglanté, au sol, couché sur le dos, frappé à coups de poing par un policier. Pour le pouvoir, ce n'est plus tenable. Au sommet de l'État, on sent qu'il n'est pas possible de rester silencieux. Pour la première fois depuis le début du quinquennat, l'exécutif opère un changement de ton sur les violences policières, quand bien même l'expression demeure bannie de son vocable. Emmanuel Macron donne le *la* en dénonçant « des actes qui ne sont pas acceptables ». Surtout il demande à son ministre de l'Intérieur de lui « faire, dans les meilleurs délais, des propositions claires pour améliorer la déontologie, les éléments de contrôle ». La consigne est nette. Et passée publiquement. « Il y a un changement de braquet dans la communication, confirme un conseiller de l'exécutif. Dans ce moment où la police a perdu de son lien si fort avec le pays, on ne peut pas ne rien dire. Mais, en réalité, le discours de fond de l'Intérieur reste constant. Le changement de pied sur les violences policières, on le verra le jour où l'IGPN changera de doctrine dans sa manière de les traiter. Ce qui n'est pas le cas aujourd'hui. »

En coulisses, voilà plusieurs semaines que parlementaires, personnalités de la société civile, d'ONG ou d'associations alertent Emmanuel Macron sur les agissements des policiers. « Aucun manifestant n'a le droit de se montrer violent. Mais un policier n'a pas le droit pour autant de faire un usage disproportionné de la force. Une telle attitude sape l'autorité de l'État. Il fallait que le président dise "stop" à Casta », témoigne l'un de ceux-là. L'exécutif est avisé du risque de dégâts dans l'opinion, si s'installe l'image d'un pouvoir complaisant. Le candidat Macron n'avait-il pas inscrit le rapprochement police-population dans son programme électoral ? Voilà plusieurs semaines, témoigne un proche, « que le président était concerné, préoccupé par ce sujet ». Le Premier ministre aussi, lui qui échange à ce propos avec Christophe Castaner, coordonnant leurs prises de paroles respectives. « Le chef de l'État a souhaité accélérer les choses et a montré sa préoccupation en haut lieu, observe-t-on dans l'entourage de celui-ci. Si le président a jugé bon de demander à son ministre de l'Intérieur des propositions pour renforcer la déontologie, ce n'est pas par hasard. Au moment où il l'a estimé opportun, il est intervenu. » Christophe Castaner ne peut qu'obtempérer. Il adopte un changement de ton manifeste, annonce le très symbolique retrait de la grenade GLI-F4, accusée de causer des mutilations. Bon soldat, y compris lorsque cela lui coûte de se dédire.

4

« Si ça merde, je saute »

Il est 20 heures passées, et Christophe Castaner voit se dessiner la ligne d'arrivée d'une journée marathon. Suivi à la trace par Laurent Nuñez et le préfet des Pyrénées-Atlantiques, Éric Spitz, le ministre de l'Intérieur vient d'effectuer une large revue du dispositif de sécurité à Biarritz. Dans quatre jours, le 24 août 2019, les plus puissants chefs d'État étrangers, le très fermé club du G7, poseront ici leurs bagages. Les postes de commandement, dans un collège, à l'aéroport, les centres de secours et de déminage : la cité balnéaire est littéralement mise sous cloche, bunkérisée, découpée en zones quasiment étanches, quadrillée par plus de treize mille policiers et gendarmes, au grand dam des commerçants et vacanciers. Ce soir-là, on présente l'accueil et les équipements des renforts de la police au club de pelote basque, le Jaï-alaï. Là, dans cet antre du sport local, qui jouxte le stade de rugby d'Aguiléra, Christophe Castaner s'accorde quelques instants de relâchement, autour d'une bière avec Yves Lefebvre, secrétaire général du syndicat de police Unité SGP-FO. Depuis son entrée en fonctions, le ministre est sous pression, entre les attentats, dont celui qui frappe Strasbourg quelques semaines seulement après sa nomination, les « actes » des Gilets jaunes, ces samedis qui se suivent et se ressemblent, le Noto, les boulettes de communication. Et puis, enfin, cette question, lancinante, qui l'a pourchassé tout l'été : « Où est Steve ? », ce jeune homme mort noyé à Nantes, le soir de la fête de la Musique, après une charge de la police... Mais, cette fois, il sent l'épée de Damoclès lui caresser dangereusement la nuque. Emmanuel Macron ne pardonnera pas que des débordements viennent ternir « son » G7. Il en va de l'image du Président et du pays. Entre deux gorgées de bière, le ministre lâche d'une traite à son interlocuteur : « Si ça merde, je saute. »

Castaner et Nuñez savent qu'ils jouent là leurs places, lorsqu'ils se fendent d'un premier aller-retour à Biarritz, quinze jours plus tôt, au retour des congés, pour préparer le terrain. Ancien sous-préfet du département, Nuñez active ses contacts, notamment à Hendaye où doivent se dérouler des manifestations d'opposants. Lorsque l'événement s'achève sans incident notable, les deux hommes poussent un immense soupir de soulagement. « C'est une séquence qui est positive. Il y a eu un avant et un après. C'est un moment charnière », vante Laurent Nuñez. Il reste qu'au-dessus de leur action plane l'ombre de l'Élysée. Sa réputation étant en jeu, Emmanuel Macron a suivi le dossier de près. De très près, même. À un mois de l'événement, le

Président envoie ainsi un message directement à Yves Lefebvre qui, en dirigeant syndical matois, avait, par l'entremise d'un parlementaire de ses amis, fait passer le mot que tout allait « très mal, les effectifs vont mal ». « Je crains que la police ne soit pas au rendez-vous du G7 », avait-il soufflé à son entremetteur. Le soir même, alors qu'il sirote un whisky-coca avec des amis, son téléphone vibre. C'est un message du Président. « Je suis au jour le jour l'actualité. Je vais faire le nécessaire. »

L'anecdote touche un point sensible. Le ministre de l'Intérieur serait-il sous tutelle de l'Élysée et de Matignon ? Certains indicateurs sont cruels, la cure d'amaigrissement de son portefeuille en est un. « Avant, c'était le cœur de l'État, plus fort que Matignon. Le pouvoir était à Beauvau. Là, on a même eu la discussion pour savoir si on sortait l'immigration ou pas », témoigne un stratège de la Macronie. Cantonné à un pré carré restreint et essentiellement sécuritaire, Castaner doit aussi composer avec un président naturellement omniprésent et centralisateur. Déployer le dispositif Sentinelle pour assurer la sécurité lors des samedis de manifestations des Gilets jaunes ? Annoncé par le chef de l'État lui-même en Conseil des ministres. « Il a cette habitude d'aller directement chercher l'information là où elle se trouve. S'il veut faire une réunion avec le DGSI, en by-passant tout le monde, il va l'appeler lui-même. Il rentre dans les dossiers, il n'attend pas qu'on lui rapporte les trucs », confirme un spécialiste des questions régaliennes. Le député Sacha Houlié renchérit :

« Castaner admet lui-même que le Président regarde quasiment toutes les notes qui émanent de Beauvau. Il précise : "Et parfois, il me demande des éléments sur des notes qui ne sont même pas encore arrivées sur mon bureau. Je n'ai pas de problème avec ça, mais il faut que je suive." » Ils ont beau être proches, Emmanuel Macron n'épargne pas son ministre. « Le Président est dur, parfois, avec lui, témoigne un fidèle du chef de l'État. Au Conseil des ministres, il lui pose des questions auxquelles il a lui-même la réponse. Il l'engueule. Par exemple, l'immigration, il considère qu'il ne s'en occupe pas assez. Alors il dit : "Je vais nommer un secrétaire d'État, comme ça, il y en a un qui fera la sécurité, l'autre les immigrés, et puis Casta, il fera les photos !" Mais ça, il le ferait pour tout le monde. Ce n'est pas *ad hominem.* »

Il faut dire que le contexte, exceptionnel en termes de gestion de crise et de maintien de l'ordre, a naturellement amené les têtes de l'exécutif à s'emparer de certains dossiers. Et puis, le roué Gérard Collomb a fait passer l'essentiel des grands textes régaliens du quinquennat – loi sur la sécurité intérieure, loi asile-immigration, police de sécurité du quotidien –, avant de tout plaquer pour Lyon. Outre la précarité, par essence, du poste, ces faiblesses sédimentées alimentent sans cesse les spéculations sur la pérennité de Castaner, lors des douze premiers mois qu'il passe à Beauvau. « Il s'installe à son rythme dans la fonction, sans la surjouer. Malgré l'adversité, il apprend et se renforce, estime le conseiller spécial du chef de l'État, Philippe

Grangeon. Par nature, c'est le CDD le plus précaire de la République. Tous les postes de ministres sont des CDD, mais lui, c'est un CDD plus, plus. » En somme, s'il plie, il ne rompt pas.

Les yeux dans le vague et le visage fermé, Christophe Castaner écoute Édouard Philippe s'adresser aux journalistes massés dans la cour de Matignon. Un demi-pas en retrait, sans micro devant lui, il semble étranger à la scène, se contentant de hocher la tête par intermittence. Le chef du gouvernement, fiches bristol en main, vient pourtant présenter les conclusions d'une enquête que le ministre de l'Intérieur a lui-même diligentée un mois auparavant, après la mort de Steve Maia Caniço, vingt-quatre ans, un soir de fête, celle de la Musique, à Nantes. Et, entre les lignes, le Premier ministre sort le carton rouge au travail mené par l'Inspection générale de la police nationale (IGPN). « Plus de cinq semaines après les faits, le déroulement de cette soirée, l'enchaînement des faits restent confus. Je ne peux évidemment pas m'en satisfaire », grince Édouard Philippe, dont il ne faut jamais oublier qu'il est à l'origine conseiller d'État. Il ordonne une analyse complémentaire de l'Inspection générale de l'Administration. En d'autres termes, le dossier est repris en main. La mise en scène est cruelle. Du bout des lèvres, un ministre relève qu'« un Sarkozy ou un Valls n'auraient jamais accepté ça ».

À l'heure où disparaît Steve Maia Caniço, au terme d'une soirée marquée par une charge policière musclée,

Christophe Castaner, lui, dort à Forcalquier, l'une de ses rares incursions au pays depuis dix mois. De retour à Beauvau dès le lendemain, un samedi, « rien ne nous remonte dans de bonnes conditions », soupire-t-il. « Le dimanche matin, on a l'info que des gamins sont tombés à l'eau [ils sont une douzaine], mais pas d'infos sur des disparus. Puis, moi, je vois sur les réseaux la vidéo de l'intervention et je l'envoie sur la boucle du cabinet en disant : "C'est quoi, ce truc ?" Et ce n'est que dans la soirée qu'on nous dit : "Il y a un jeune qui a disparu." » Quarante-huit heures se sont écoulées depuis le drame. Les syndicats sont, eux, mis au parfum dès le samedi, certains tiquent et sonnent l'alerte, auprès de Laurent Nuñez notamment. Dès le lundi, Castaner commande une enquête de l'IGPN. Mais le dossier s'enlise. Le rapport de l'IGPN, rendu public le 16 juillet 2019, est, juge l'avocate des parents du jeune homme, Cécile de Oliveira, « d'une qualité douteuse », « hâtif », même « pas signé par la directrice » de l'institution. D'une qualité douteuse ? « Parce que les témoins des violences n'ont pas été entendus, parce que le corps de Steve n'a pas été retrouvé et donc le rapport réalisé sans éléments médico-légaux, et qu'il fait état d'un élément technique sur le téléphone de Steve Maia Caniço qui est incomplet », détaille-t-elle. Tandis que les recherches du corps s'éternisent, la question « Où est Steve ? » fleurit sur les murs et dans les manifestations. « Je le vis mal à titre personnel, il se trouve que ma fille a à peu près cet âge-là, elle a fait des festivals cet été, donc je me projette, s'émeut Castaner. C'est dur d'être traité d'assassin. J'assume de défendre les policiers tout le temps, mais s'ils déconnent au point de courir le risque de provoquer le décès de quelqu'un, je ne le vis pas bien. » Dans cette affaire, Castaner navigue entre divers, et complexes, jeux d'influence internes. Les critiques se concentrent sur le commissaire divisionnaire en charge des opérations pendant la soirée, qui par le fruit malheureux du hasard a été décoré d'une médaille de l'Intérieur cinq jours avant le 21 juin. Le bruit de sa proximité avec les milieux d'extrême droite se répand. Une guerre intestine et médiatique se déclenche entre les syndicats policiers SGP-FO (classé à gauche), Alliance (étiqueté à droite) et celui des commissaires SCPN-UNSA (le corps du mis en cause). À cela s'ajoute la pression du corps préfectoral qui, après les limogeages de Michel Delpuech (Paris) et Henri-Michel Comet (Rhône), ne compte pas offrir une nouvelle tête. Christophe Castaner se trouve pris dans ces turbulences, qui remontent à Emmanuel Macron, lui-même alpagué lors de ses déplacements sur le sort du jeune homme. Certains députés, issus de l'aile gauche de la majorité, avisent aussi le pouvoir du malaise grandissant. Au sommet de l'exécutif, « il y a eu, à un moment, une prise de conscience que cette affaire, qui avait pu paraître comme un fait divers au départ, n'allait pas se tasser », observe une source proche du dossier. Trente-huit jours après sa disparition, le lundi 29 juillet, le corps de Steve est retrouvé dans la Loire. Le mardi 30, à la mi-journée, il est formellement identifié par le médecin légiste.

L'après-midi, avant de donner sa conférence de presse, le Premier ministre tente de joindre la famille par téléphone. Quelques jours plus tard, dans le courant du mois d'août, Christophe Castaner cherche à son tour à établir le contact. En vain. « Je le fais par texto, directement, en disant que je me tiens à leur disposition, raconte-t-il. Le père me répond, la mère ne m'a jamais répondu. Je comprends qu'ils aient de la colère. Je n'ai vu ni l'un ni l'autre. » Le message produit l'effet exactement inverse à celui recherché. « La forme ne peut que m'étonner. Il y a une affaire judiciaire en cours et des gens qui viennent de perdre un enfant, s'insurge l'avocate de la famille, Cécile de Oliveira. Je ne suis pas sûre que l'on puisse prendre contact avec des gens qui viennent de perdre un enfant sans avoir une intimité avec eux, et un texto me paraît la forme la plus familière, la plus commune, d'entrer en contact, assez loin de la solennité que l'on peut attendre d'un ministre de l'Intérieur. Je m'en étais étonnée auprès de ses services. Je ne savais pas que l'on pouvait envoyer un texto avec des fautes d'orthographe à une famille endeuillée. » Estomaquée, l'avocate poursuit : « Le SMS témoigne d'une part de sincérité, mais est aussi un outil de communication politique dans le but de calmer la colère, une tentative d'instrumentalisation. C'est charmant d'être spontané mais pas dans toutes les circonstances. Et il y a le respect de la procédure. Que l'exécutif vienne s'immiscer dans une affaire judiciaire en cours m'agace toujours beaucoup. »

C'est ainsi que, le 30 juillet, lorsque Édouard Philippe prend la parole devant un ministre silencieux, la mise en scène sonne comme un désaveu, en dépit des dénégations de Matignon. Le lendemain, Philippe et Castaner s'affichent ensemble pour un déplacement en région parisienne, l'occasion pour le premier de marteler que le ministre de l'Intérieur n'est « pas fragilisé ». Paris bruisse d'une mise sous tutelle de Beauvau par Matignon sur certains dossiers, dont celui des suicides dans la police, sujet sur lequel le Premier ministre a exprimé directement sa préoccupation, demandant d'accélérer la mise en place des mesures de prévention. Après dix-huit mois de tensions avec Gérard Collomb, Matignon semble profiter du changement d'équipe pour instaurer une nouvelle dynamique de travail… qui lui est naturellement plus favorable. Qui y voit de la « fluidité », qui de l'ingérence, c'est selon. Les contacts sont multi-quotidiens entre le directeur de cabinet à Beauvau, Stéphane Bouillon, et le chef du pôle intérieur de Matignon, Éric Jalon. Par le jeu des rotations et promotions des hauts fonctionnaires, il se trouve que le premier a occupé le poste du second il y a plus de dix ans. Avec Patrick Strzoda, directeur de cabinet à l'Élysée, ce trio de préfets forme le cœur du réacteur de l'« organisation gouvernementale », décrypte un familier de Beauvau. « C'est là que se font les nominations de préfets », susurre la même source. Ainsi mi-janvier 2020, lorsqu'une ample valse renouvelle les visages de la préfectorale, Emmanuel Macron s'implique personnellement dans le recrutement des heureux promus. Édouard Philippe porte, qui plus est, un intérêt personnel aux sujets régaliens. Le Premier ministre a goûté d'exercer l'intérim, quinze jours, après la démission de Collomb. « Édouard a toujours été très branché sur les questions intérieures. Il a beaucoup réfléchi au sens de l'État, à ce que ça signifie. C'est pour ça qu'il est très à l'aise, qu'il a cette appétence. C'est quelque chose qui fait sens pour lui », décrypte l'un de ses amis. Une conjonction de forces et d'intérêts, de nature à faire un peu plus ployer le ministre.

L'écho de la voix de Christophe Castaner se répercute sur les murs noircis par la pollution de la cour du 19-août. En ce premier jour du printemps 2019, la préfecture de police de Paris est baignée de soleil. Tenues d'apparat et fanfares, l'institution est toute pimpante pour accueillir son nouveau patron. D'ailleurs, le voilà, silhouette filiforme, plus raide encore que la justice, qui écoute, immobile, le ministre de l'Intérieur lui fixer sa feuille de route. « Didier Lallement, votre modèle est Georges Clemenceau. La main de Clemenceau n'a jamais tremblé quand il s'agissait de se battre pour la France. La vôtre ne devra pas trembler non plus, devant les réformes que vous devrez mener. » Lallement ne cille pas. Il sait que l'idée est devenue l'obsession d'une partie de la Macronie, qui avait écarté l'hypothèse d'en faire mention durant la campagne présidentielle, mais tient désormais la préfecture de police pour responsable « d'une partie des emmerdes » de l'affaire Benalla. Au sommet, on s'estime victime de règlements de comptes. « On a refusé de céder à la pratique qui s'était installée depuis un certain temps, selon laquelle la préfecture de police est toute-puissante, s'indigne un proche du chef de l'État. Il y a un officier de liaison de la préfecture de police qui est détaché à l'Élysée, et on a retoqué le type qui nous était proposé. Il n'était pas du tout qualifié, mais il était très proche du préfet de police, Michel Delpuech... Donc on ne prend pas quelqu'un qui vient espionner, voir ce que le Président fait. » Un autre fidèle macroniste, toute méfiance dehors, insiste : « C'est un État dans l'État. Le préfet de police de Paris, c'est le seul qui a accès à toutes les plaques d'immatriculation qui rentrent par la grille du Coq [située à l'arrière de l'Élysée]. Donc à tous les rendez-vous privés du président de la République. Il y a une forme de pouvoir de contrôle, d'information, que la préfecture de police exerce sur le pouvoir politique qui est un peu hors norme. » En clair, l'exécutif aimerait rogner les prérogatives de cette institution historique, notamment en la délestant de certains services. Encore faut-il trouver l'homme qui mènera cela à bien. Lorsque Castaner exhorte Lallement à lui faire « des propositions pour réformer la PP à court et moyen terme », il ne se fait déjà guère d'illusions. « Quand on part sur Lallement, on sait que la réforme de la PP devient plus difficile », décrypte un proche.

En réalité, Christophe Castaner et Laurent Nuñez s'étaient mis en quête d'un profil plus jeune, capable de faire bouger la maison, comme le conseiller du Premier ministre Éric Jalon, quarante-huit ans, ou le préfet de Martinique Franck Robine, cinquante-deux ans. Mais le choix du Président se porte sur Didier Lallement, soixante-trois ans, préfet de Nouvelle-Aquitaine et de Gironde. Celui-ci a des appuis. Il connaît bien le directeur de cabinet Patrick Strzoda, mais aussi Jean-Marie Girier, ancien chef de cabinet de Gérard Collomb à Beauvau et directeur de la campagne présidentielle d'Emmanuel Macron. La réputation d'inflexibilité qui précède le préfet colle à la période. « Il est ferme, tranchant et parfaitement indifférent à l'impopularité, synthétise un conseiller de l'exécutif. Il doit incarner l'autorité qui n'est pas incarnée par les ministres, alors que, pour une partie des Français, y compris chez les électeurs de Macron, il y a le sentiment d'une forme de faillite de l'autorité. Didier Lallement, sous sa forme extrêmement raide, apportait des solutions techniques immédiates, comme la mobilité, les motards [les controversées brigades de répression des actions violentes motorisées BRAV-M] qui ont tout changé sur la dispersion. C'était très osé. Il a totalement reconstruit les choses. » Sur le fond, Christophe Castaner ne dit pas tellement autre chose. « On connaît ses qualités et on connaît aussi son tempérament. Je sais aussi qu'il fait peur, admet le ministre. Là, on a besoin d'un homme de tempérament. Il faut reprendre en main une administration, et on sait que le préfet Lallement a les compétences techniques et l'autorité nécessaires. »

Seulement, une fois nommé, Didier Lallement ne masque guère son manque d'enthousiasme pour la réforme tant attendue. S'il veut asseoir sa propre légitimité sur les quelque quarante-deux mille fonctionnaires qu'il a sous ses ordres, il doit se montrer en défense de la maison. Le parallélisme est savoureux. Il est en fonction depuis deux semaines à peine qu'il exprime, devant l'Assemblée nationale, ses doutes sur le démantèlement de certains de ses services. « En tout état de cause, il ne s'agit pas d'un simple jeu de go où l'on déplace des pions », glisse-t-il. Un préfet abonde, jugeant que « cette réforme ne peut pas se faire à la hussarde, cette institution a quelques siècles, tout de même ». Vient le mois de juillet 2019. Sans même en avertir les ministres, Didier Lallement remet directement à l'Élysée ses propositions. Parmi ses pistes, il suggère même d'accroître le périmètre de la préfecture de police de Paris et d'avaler la PJ de Versailles ! Les ministres appuient sur le frein et décident de temporiser. Si c'est ainsi, la réforme de la PP sera intégrée dans une réflexion plus large baptisée « Livre blanc ». « Ceux qui espéraient avoir un préfet de police à leur main avec Lallement ne savaient pas qui était Lallement », ironise un haut gradé. En attendant, les relations entre le préfet et le ministre se détériorent. Plusieurs observateurs l'affirment, « le torchon brûle ». Place Beauvau, on choisit de minimiser. « On n'est pas copains, mais on n'a aucun problème. Il est autoritaire, et je suis dans l'autorité », plaide Castaner. Adepte du rapport de force, Lallement a sans aucun doute perçu la faille, ainsi exposée par un syndicaliste : « Demain, Castaner saute s'il y a un problème de maintien de l'ordre à Paris. Comme il a déjà changé de préfet, il n'a plus de fusible. Donc, le prochain fusible, c'est lui. » Un jeu du « je te tiens, tu me tiens », dont Christophe Castaner sortirait perdant. On a connu posture plus confortable.

Épilogue

C'est un fil rouge, qui relie symboliquement un ministre à l'autre. Un immuable élément de décoration, qui inspire au visiteur la surprise d'une figure soudainement ressuscitée et à l'occupant des lieux le respect de la filiation. En passant devant la galerie de portraits de l'hôtel de Beauvau, à quelques pas du bureau du ministre, on ne peut que s'interroger. Quel regard portera, dans bien des années, le visiteur dont les yeux rencontreront ceux, accrochés au mur, de Christophe Castaner ? Quelle marque laissera là l'enfant de Manosque ? Y aura-t-il seulement une trace ? Commentaire, au tranchant d'une serpe, d'un conseiller du pouvoir : « Pour lui, Christophe Castaner, c'est un sommet. J'imagine qu'il sait qu'il n'y a pas d'étape au-dessus. À mon avis, son réflexe, c'est de gérer la durée, d'être un bon ministre, parce que je ne vois pas où il peut aller ailleurs. »

Tandis que ce texte est couché sur papier, la question première est celle de son sursis. Sera-t-il toujours en poste une fois l'encre séchée ? L'incertitude, éreintante compagne, se tient à son côté depuis ce matin du 16 octobre 2018, le premier, qui l'a vu franchir en ministre les grilles de la place Beauvau. « C'est le seul ministère où vous ne savez pas si vous y serez toujours la semaine prochaine », confiait-il à l'aube de l'année 2019. Soupçonné par ses détracteurs d'avoir atteint son seuil de compétence, donné partant à chaque bourrasque, Christophe Castaner ne semble tenir qu'à un fil à un poste, par essence, déjà précaire.

Calé dans son siège, sous les dorures de ce bureau qu'il contemple admiratif, il semble écrire par avance son épitaphe : « Ici, le jour où je partirai, j'aimerais que ce soit moi qui choisisse... Et ce ne sera jamais sur un temps négatif. Car choisir de partir sur un temps négatif, c'est un échec. » Alors il se tient, se retient, conscient que son destin au sein de ce ministère de l'actualité, si usant et exigeant, où la durée de vie moyenne excède rarement vingt-quatre mois, n'est pas entre ses mains. Un fil.

D'un acte des Gilets jaunes à l'autre, de communications hasardeuses en accusations de complaisance envers les violences policières, Emmanuel Macron ne cille pas. Les réprimandes, les consignes s'adressent dans le secret du Conseil des ministres, par le truchement de messagers ou du combiné du téléphone. Le Président n'a pas offert, au cours d'une année 2019 si riche en prétextes, la tête de son grognard, réclamée dans les cortèges. « Je crois qu'il a vraiment construit une bonne relation avec Emmanuel Macron et que celui-ci lui fait confiance », devine un intime du chef de l'État, à l'heure d'entamer l'année 2020. Au sommet de l'État, on lui sait gré de ne pas avoir eu à déplorer de mort – même si ce point est contesté – à l'occasion d'une manifestation. « Il a subi le bizutage le plus extraordinaire de la Ve République », juge avec emphase le criminologue et ami de longue date Alain Bauer. Un conseiller de l'exécutif insiste sur ce point : « Il a connu un truc dont on n'avait pas la clé. Avec en même temps le reproche de ne pas assez tenir la rue et en même temps la volonté que le sang ne coule pas. » Et puis, le chef de l'État ne déteste rien tant que d'offrir des scalps à la foule ou à la presse, de se voir dicter une décision ou un calendrier. La contestation le renforce, encore un paradoxe. Certains, dans les arcanes du pouvoir, y ont trouvé matière à plaisanterie, relevant que tant qu'il commettra des fautes de carre, le ministre sera à l'abri. Tant, aussi, que cette question restera en suspens : qui pour le remplacer à un poste où la loyauté est la mère des qualités ? « Dans ce désert de ressources humaines, il est important, relève son ami le président LR de la région PACA, Renaud Muselier. Il en a beaucoup en réserve, Macron ? »

Cela peut encore évoluer, s'inverser, le temps d'imprimer, mais, à l'aube de l'année 2020, Christophe Castaner semble s'offrir la respiration d'une probation. D'autant qu'il accède à la demande d'inflexion du discours sur les violences policières.

« À peine nommé, il est confronté à une épreuve : le pilotage politique du maintien de l'ordre face à un mouvement inédit. C'est d'autant plus difficile qu'il n'a pas pu s'installer dans la fonction vis-à-vis de l'opinion publique et du corps social qu'il dirige. Ce qu'il a traversé, au plus fort des Gilets jaunes, pour juguler les violences, est d'une rare intensité dans l'histoire de la Ve République, comme ce qu'ont vécu ses prédécesseurs en Mai 68 ou en 2005 avec les émeutes en banlieue, juge le conseiller spécial du Président, Philippe Grangeon. Depuis, il progresse sur le fond des dossiers. Et à sa façon, qu'on aime ou pas, il fait le job. »

Mais ensuite ? L'homme laisse si peu d'indices que l'on peine à dessiner une solution de repli. Le terrain, les troupes, les connexions... Castaner n'a rien préparé, rien entretenu, y compris dans son fief de Forcalquier où son équipe s'est éparpillée dans des listes rivales pour les municipales de mars 2020. Les régionales de 2021 en PACA, il ne les « exclut pas ». « Mais ça ne veut pas dire que j'y réfléchis activement », dit-il aussi. Tenter de s'implanter un jour à Marseille ? « Il y a un traumatisme pour moi. Les socialistes marseillais et leur mode de fonctionnement pendant les régionales, ça m'a pesé », rappelle-t-il. L'ancien député PS Patrick Mennucci confirme : « Je crois qu'il a peur de Marseille. C'est une ville qui détruit. Vous n'êtes pas dans un univers borné, ici. Vous avez tout et n'importe quoi. »

Après avoir gravi les marches de la politique une à une, de maire à ministre, jusqu'à parvenir à son grand objectif, Christophe Castaner semble n'avoir pas envisagé le coup d'après. Peut-être un autre ministère, moins exposé. Jouant le contre-pied, il acquiesce. « Ministre de la Culture, j'aurais adoré. Je trouve que c'est un ministère extraordinaire. » Mais, après Beauvau, ce serait forcer le cliquet vers l'arrière. Arrêter la politique ? Pour se donner un genre, lui qui, à cinquante-quatre ans, en a passé trente à en vivre, clame qu'il pourrait tout lâcher pour ouvrir une paillote. Un temps ce fut au Cap-Vert, plus récemment en Corse. On l'a connu plus convaincant. Aucun de ses proches n'y croit.

À l'heure où le champ des possibles est aussi ouvert qu'incertain, d'autres, au sein de la majorité, le voient plutôt tenter de rester à Beauvau. Avec en tête d'élargir son spectre, notamment en s'impliquant dans le plan de lutte contre le communautarisme, en portant une politique d'immigration, renforcé pourquoi pas d'un deuxième secrétaire d'État, en se forgeant un bilan. Se donner une assise, après de premiers mois sans grande loi, quasiment tous engloutis en polémiques et en gestion du maintien de l'ordre. « Il va repartir un peu plus à l'offensive », veut croire un ami. Il reste à trouver comment. « Il a un côté extrêmement résilient », observe celui qui lui a succédé à la tête du parti, Stanislas Guerini, entre admiration et étonnement à le voir toujours debout. « Vivant, après ça. » Cramponné.

Remerciements

Près de quatre-vingts personnes ont accepté de s'entretenir avec nous pour cet ouvrage. Pour leur temps, leur disponibilité et leur confiance, nous les remercions chaleureusement.

Un grand merci également à notre éditrice Sophie Charnavel, pour avoir renouvelé l'expérience, et à Marie-Laure Nolet, pour ses relectures attentives.

Merci à Alice et Marion, pour leur accueil à Marseille.

Jérémy Marot

À Sophie et Madeleine, mes victimes collatérales, dont l'ouvrage a, aussi et malgré elles, accompagné le quotidien. Merci pour leur soutien sans faille.

À ma famille, mes premiers VRP. Merci de vous tenir à mes côtés.

Aux camarades de l'AFP, merci pour vos conseils toujours avisés.

Pauline Théveniaud

Mes plus chaleureux remerciements à la rédaction du *Parisien-Aujourd'hui en France*, et tout particulièrement à mes camarades du service Politique.

Merci à mon amie Cécile Gineste qui a une nouvelle fois donné de son temps pour m'éclairer de ses remarques.

Une pensée particulière pour mes proches, dont le soutien sans faille m'est si précieux. Merci, plus que jamais, d'être à mon côté.

Table

III

LE RESCAPÉ DE L'ANCIEN MONDE

IV

UN PIED DANS LA PORTE

V

LE BEAU PARLEUR

VI

L'ASPIRANT DE BEAUVAU

MIXTE
Papier issu de
sources responsables
FSC
www.fsc.org
FSC® C003309

L'Éditeur de cet ouvrage s'engage
pour la préservation de l'environnement
et utilise du papier issu de forêts gérées
de manière responsable.

CET OUVRAGE
A ÉTÉ ACHEVÉ D'IMPRIMER
SUR ROTO-PAGE
PAR L'IMPRIMERIE FLOCH
À MAYENNE EN FÉVRIER 2020

Dépôt légal : février 2020
N° d'impression : 95851
Imprimé en France